EX LIBRIS

蝶恋书香

——中外藏书票撷英

黄务昌　著

浙江大学出版社
·杭州·

图书在版编目（CIP）数据

蝶恋书香：中外藏书票撷英 / 黄务昌著. -- 杭州：
浙江大学出版社，2022.9
ISBN 978-7-308-22897-8

Ⅰ．①蝶… Ⅱ．①黄… Ⅲ．①书票－研究－世界
Ⅳ．① G262.2

中国版本图书馆 CIP 数据核字（2022）第 140419 号

蝶恋书香
——中外藏书票撷英

黄务昌　著

责任编辑	罗人智	
责任校对	闻晓虹	
责任印制	范洪法	
封面设计	卿　松	
出版发行	浙江大学出版社	
	（杭州市天目山路 148 号　邮政编码 310007）	
	（网址:http://www.zjupress.com）	
排　　版	卿　松　王　涛	
印　　刷	浙江省邮电印刷股份有限公司	
开　　本	787mm×1092mm　1/16	
印　　张	24.75	
字　　数	160 千	
版 印 次	2022 年 9 月第 1 版　2022 年 9 月第 1 次印刷	
书　　号	978-7-308-22897-8	
定　　价	108.00 元	

蝶恋书禾

赵延年

赵延年先生为本书题词

2008 年真可以说是藏书票世界的中国年，第 32 届国际藏书票年会和国际藏书票大展即将于今年 10 月在北京召开。前不久中国嘉德国际拍卖有限公司，还在北京组织了一场藏书票专场拍卖会，据说，这场属于全国首次的拍卖会还非常成功。这两件事情一出，特别是前者，对中国藏书票事业的发展，肯定会起到"推波助澜"的作用。而且它们的影响力和辐射力不可小看，我相信，中国版画艺术一直受到冷落的局面，也会因此改观。因为我在 20 年前就讲过要"从小到大普及版画"，这个"小"就是指藏书票这个小版画。实践证明，通过藏书票这个媒介，版画和群众的距离在缩短，群众对版画的理解和兴趣在增长，这是一种很可喜的现象。藏书票作为小小版画，一直在为版画艺术的普及开辟道路，这尤其使得我这个老版画人深感欣慰。

我对藏书票是有特殊感情的，因为藏书票让我离休以后的生活无比充实，小小藏书票还开拓了我版画艺术创作的新领域。1984年我古稀之年时，应上海书展去香港展出的主办单位的邀请，设计制作了题为《鱼读月》的第一张藏书票，在展会上分发后收到了较好的效果。由于这种审美和实用兼具的小版画适合老年人创作的体力条件，我产生了浓厚的兴趣，每年总要创作少则十几张，多则二三十张，有的自用，有的赠人，有的受人委托。十年下来，在我80岁时，我竟选出了100幅，出版了一本原大彩色精印的《可扬藏书票》专集。与此同时，我又开始制作以生肖为题材的版画贺年片，代替市面上购买的烫金饰银的豪华贺卡分寄亲朋好友，一以贺新年，一以报平安，年年照做不误。有时我寄迟了，还会收到催索的来信。1997年已完成了第一轮的12帧，第二年又进入第二轮的制作了。但生肖只有12个，重复做，就得花样翻新，于是我不得不去动脑筋甚至伤脑筋。这真是自讨苦吃，但我又自得其乐。这都跟我喜欢藏书票的创作形式不无关系。

另外，我喜欢藏书票，除了它自身的艺术价值，还与它跟版画家和版画创作实践之间有许多互相启发、互相借鉴、互相补充的好地方有关。创作大幅版画，真可说是既劳神又劳力，尤其是拓印，更是又费力又费时。因此，早年版画同行间那种互相交换作品的传统，就难以为继了。藏书票则是一种袖珍版画，刻作拓印都很方便。藏书票发展以后，在熟悉和不熟悉的作者或爱好者之间（包括国际同行之间）进行交换赠送的活动就多起来了，而且也开始有人愿意花一点钱购买藏书票版画原作了。藏书票之所以深受新老版画家的青睐，还在于这种实用与审美相结合的小艺术品带给艺术家很大的创作与想象空间，给创作带来了挑战。对于版画家来说，藏书票可以成为创作大幅作品的一种小试探。有时一张比较简单的小小藏书票，往往会达到构思构图及色彩处理上的好效果，从而引发创作大幅版画的激情。我的《江南古镇》和《桥边花树》这两幅大版画，就是从两张藏书票的基础上发展而来的。对于爱书人来说，藏书票是读书、爱书、藏书的信物，一本刚买到的新书，贴上一枚精致的小小自用藏书票，便会立即增光生辉，让人倍觉珍贵。

我国藏书票事业的发展现状，一直是创作很活跃，但使用不普遍。这不是藏书票本身的问题，而是大家对藏书票还不熟悉、不了解，同时，藏书票在普及宣传上也存在一定问题。但是，我相信藏书票肯定会被越来越多人接受和喜爱。因为，中国现代藏书票发展了二十余年，诞生了一大批版画艺术家、推广者、爱好者和收藏家，他们在孜孜不倦地从事藏书票的创作、推广、研究、收藏和市场拓展，给藏书票艺术的蓬勃发展创造了空间。这也有助于全民读书活动的开展和社会主义精神文明的建设。

浙江的黄务昌同志就是这其中的一员。虽然我对他的了解不是很深，但他在工作之余花两年之功，将自己多年在中外藏书票收藏研究方面的心得，整理成书，并将不日出版，这让我很吃惊。我知悉务昌同志，也是因为藏书票。两年前他委托我给他制作一款藏书票，从此我们互相有了联系。从他寄给我的一些已经发表的资料中，我知道他不仅喜欢藏书票，而且一直在默默从事藏书票研究。当时他还寄给我一篇4000多字的文稿，内容是考证他收藏的一款第一次世界大战时期的美国军人藏书票。我看后觉得，文章的考证依据很详实，只是叙述一战的背景过于详细，而对藏书票艺术的本身涉及不够，于是就回信指出问题，并赞扬他用"小东西做出了大文章"。过了几个月，他将修改后的文稿又寄给我，拟题为《一款WWI军人藏书票的考证》。经这一次修改，文章内容大为充实，重点进一步突出，专题性也大大增强，显然是一篇十分像样的考证类文章。从前后两篇文稿的比较，以及后来挖掘补充的史实资料，可以看出他是一位踏踏实实做学问的人。我照例回信赞扬了他。过了没有多久，他将正式发表在《品位》杂志上的这篇文章寄给了我。因为他的这种踏实精神，几年以后他就有新的藏书票著作问世，也就在情理之中了。不仅如此，务昌同志还在杭州的浙江图书馆举办过"人文艺术书香情趣——中外藏书票收藏珍品展"，并在新浪网开办藏书票博客，在藏书票的推广、宣传上，搞得有声有色，大可赞许。

务昌同志的新著题名《蝶恋书香——中外藏书票撷英》，这本书是他多年从事中外藏书票收藏和研究的心得，花费的心血自不必说。从中可以看出他对藏书票的迷恋。"蝶恋书香"的书名，概括自他新著中相关内容的表述。这个书名恰巧和我曾经创作过的一款藏书票的主题不谋而合。但愿普天下读书人，都有此恋书之情。并以此为务昌同志新著序。

2008 年 4 月

医艺情无数　方寸画不如

　　务昌老同学要出新书，是我索序。我欣然同意，竟然连丝毫的谦虚和客套都没有。这倒不是因为我熟知他新书研究的领域，而是我熟知他本人。诚然，为老同学的新书作序，用不着挖空心思去寻找作者的闪光点，也用不着担心过于吹捧或者谦而不足。我没有负担，轻松自然，何乐而不为！

　　务昌是我就读浙江医科大学时的同班同学，我们读大学那会，是个物资和知识都绝对稀缺的年代，但这并没有阻碍我们求知的欲望。在学习完医科的教学主课以后，我们彼此都有忙不尽的相似爱好——书法绘画、写诗填词、吹拉弹唱……而且这些爱好都没有停留在一般水准。而务昌在我们那一群同学中就更不一般了，进大学之前，他在黑龙江生产建设兵团"支边"，当过农工、教师、木工等。说到木工，他年轻时的水平就不一般，能造楼房、打家具，甚至能制作扬琴、琵琶、提琴等乐器，可谓样样在行。所以他现在偶尔制作一些木刻版画藏书票，自然是顺理成章的事，我一点都不觉得奇怪。大学毕业后，我们都被选留母校当老师。他教的专业是医学微生物学和免疫学，任教没有多年，就正式出版了一本面向大众的免疫学方面的科普图书。后来，他调到浙江省级机关任职。虽然他一直公务缠身，但在公务之余，他仍忙里偷闲，继续自己的爱好，而且热爱的程度有加，进而多方拜访名师，寻求正途。后来，我经常看到他的书画、篆刻作品或参加展览，或发表于报纸杂志，尤其是与艺术品收藏、考证、鉴赏相关的文章经常见诸报端或杂志上。按他自己说法，这些都是"玩票"，不过但凡看过他作品和文章的朋友都不这样认为。所以，常有报刊约他写文章，有书画家朋友请他刻印章，而且有非常知名的画家一直用他所刻的印章作为自己的常用印。包括我自己，现在在书画作品上的篆刻印章好多出自他之手。

我早就知道他喜欢藏书票，一直主事收藏，知道他自己也做些藏书票自用或交换，常出手不凡。多年前，我也心血来潮地请他制作过一款藏书票，在我自己的藏书上贴用。2006 年他创作的 4 枚藏书票还入选日本第 17 届新孔版画展，并获得"日本书票协会奖"，可见他的藏书票创作水平绝不是一般的业余水准了。前年的某日，突然收到他个人举办"人文艺术书香情趣——中外藏书票收藏珍品展"展览会的请柬，我当然是机会难得，不会错过。参观展览后，我才清楚他在藏书票收藏与研究方面的真实水平。浙江图书馆二楼展厅数百件展品，真可谓琳琅满目，让人大开眼界。这次展览展示的藏书票，从纹章开始，名人名家名票、古今中外，国内外大师作品令人叹为观止。其中还有国外限定版藏书票专著和与藏书票历史有关的实物等，平时难得一见，着实让观众享受了一次西方藏书文化和藏书票艺术大餐。整个展览，从招贴到请柬、门券，从展版、展品到展览说明，搞得极具专业水准。虽然老同学处事一向比较低调，举办这么大的展览连开幕式都不搞，但媒体还是闻讯纷至沓来进行采访报道。观众的热情，不仅可以从现场直接感受到，还可以从热情洋溢的观众留言中深刻体会到。

我对于藏书票的进一步的乃至全面的认识，也是基于这一次展览，我也由此深刻感受到东西方藏书文化的同质和差异。知识是人类的财富，书籍是知识的使者，是精神的故乡，古往今来，各种载体的图书不仅记录了人类在历史中跋涉的履迹，而且也推动了社会文明的发展与进步。在岁月的长河里，人们从图书聚散存毁的变迁中，更加感到书籍的珍贵与可爱。于是，藏书作为一种文化积累行为，深深地融入了人对书籍的感情。因此，钤一方藏书印，贴一张藏书票，都表达了古今中外读书人珍视图书的特殊情感与方式。藏书票发源于 15 世纪的德国，逐渐盛行于整个西方世界，后于 20 世纪初传入中国。藏书票之美，不仅在于它可以贴在图书封里或扉页，作为藏书者的标记，以装饰和美化图书，还在于它可以是一件独立的艺术品，创造视觉和美学价值。它通常以版画形式表达，国外称之为"版画珍珠""书中蝴蝶"，方寸之间，风光无限。美丽的画面，或记实，或写意，或抒情，或象征，既体现藏书者的兴趣爱好，又反映刻制者的妙笔巧思。藏书票集实用、欣赏和收藏价值于一身，现已成为国际上深受人们喜爱的艺术品和文化交流媒介。虽然藏书票存世已有五百多年，传入中国也有百年历史，但在中国目前还不是十分普及，只是部分文化人、爱书人和版画艺术圈内人士的雅好。就因为它与书和美术有关，仅从美育和精神文明的角度思考，藏书票也值得推广。

藏书票对于务昌老同学来说，已经不是简单的个人爱好，办展览、开博客、写文章、交朋友，藏书票还丰富了他的日常生活。这一次他用差不多两年时间，整理自己在藏书票方面多年的收藏和研究心得，成书出版。我读过他新著中的洋洋 23000 余字的"历史篇",深刻体会到他在这方面所下的功夫。他做学问,惯如他的处事风格,耿正踏实,不愿人云亦云。书中,他对西方早期藏书票的分类,对美国"一战"军人藏书票的考证,对藏书票传入中国的几个途径和作用,对中国藏书票之最等诸多细节,都有自己的见解。书中尚有许多新的观点和认识,读者仔细阅读就可以知道,我无须多说。需要补充的一点是,他对于自己的观点,不是轻信权威名著,而是尊重历史事实,对历史文献进行反复比较,从而找出有说服力证据。相对于文献,他更相信历史图片和实物,认为它们是历史的化石,"石不能言最可人",实物更具有客观和真实性。所以,他的收藏也异于别人。在藏书票收藏方面,他除了凭自己的眼光收藏名家名票,还收藏被一般收藏家所忽视的东西。例如他收藏有美国藏书票黄金时期用于商业用途的藏书票推销员手册,收藏有当时机器生产的自贴式通用藏书票,还收藏有能证明纹章藏书票在西方藏书票发展中的轨迹的诸如此类的西方老旧古董书等等。他将这些收藏用于自己的研究,并不计较这些收藏品能否升值。所以,我的评价,如果他够得上收藏家的话,那么他不是一位投资型的收藏家,而是一位学者型的收藏家。

　　写这篇短文时,我对于藏书票的创作与收藏,也有了更深一步的认识。我认为,艺术家创作藏书票,好比是在有限环境中的无限创作。因为,一是藏书票的幅面有限,使得艺术家制作技艺的发挥受到很大限制;二是创作的藏书票上面必须有藏书票标志文字(EX LIBRIS)和票主姓名,这给创作构图的自由空间设置了难题。这两点对藏书票艺术家的制约,就如同舞蹈家戴着镣铐跳舞,难度可想而知。然而,就是因为如此,藏书票创作给艺术家带来的挑战才更具魅力,给他们创造的艺术天地也无限宽泛。我认为,藏书票的收藏是一种跨文化的收藏,因为藏书票是舶来品,拥有 500 年历史的藏书票是国际文化的体现。何况它现在是国际化趋势越来越明晰的艺术品收藏活动，两年一次的国际藏书票大展，国内外的藏书票艺术家、收藏家和爱好者都会参与其中。作为一名藏书票收藏家，你必须具备跨文化交流的能力，才能在其中如鱼得水，游刃有余。

感谢老同学！感谢古今中外那些为藏书票创造美和带来无限遐思的人！是你们使我对藏书票之美有如此多的感慨。

2008 年 4 月 19

杭州南山路

中国美术学院一号楼 409 室

EX LIBRIS

历史篇

蝶恋书香五百年

东方和西方的文化习俗大相径庭，但读书人迷书、恋书、爱书的脾性却惊人地相似，以致中外都有一些关于藏书、恋书的典故流传。如中国清代有一位藏书家叫童铨，他有一天发现藏书被书虫（蠹）所蚀，蚀空处的形状很像一只蝴蝶，故其题诗"亡魂愿化庄周蝶，只恋书香不恋花"，并流传后世。而西方人因为藏书票与书形影不离的关系，将作为图书所有权标志的藏书票，美誉为"书中蝴蝶"。这一意一实的藏书典故，生动表达了东西方爱书人相似的恋书情结。

在具体的爱书方式上，东方人习惯在书上钤一方藏书章，西方人则喜欢在书中贴一枚藏书票，虽然东西方在材料和形式上各有所别，但爱书的感情却是如此相通。中国人在书上钤盖以示拥有的藏书印章，多半用的是中国传统的篆刻印章艺术。篆刻艺术用作藏书印章大抵兴于唐而盛于宋，至今已有千余年的历史。作为篆刻艺术的印章，虽然是体现在方寸之间、朱白相间中气象万千的高雅艺术，但毕竟多是以古文字符号为表达形式，能够领略个中滋味的欣赏者实在是少数，所以篆刻作为独立的艺术品欣赏有阳春白雪的趋势。将体现篆刻艺术的印章作为藏书印记的使用习惯，也随民国以降现代人的文房习俗变化而式微。藏书票是西方图书收藏者的藏书标志，它以版画作为媒介，可以贴在图书封里或者扉页上，具有很强的实用性、大众性、艺术性和装饰性。藏书票除标志图书的归属以外，还能增添图书的收藏价值和美感，以显示主人对于拥有该图书的骄傲和自豪之情。另外，西方藏书票形式多变，图像五彩缤纷，制作技法具有多样性，这赋予了它不同于中国藏书印的特质：它可以与图书分离，成为一种独立存在的大众艺术品。

藏书票在西方国家除了有"书中蝴蝶"之誉，还有 "纸上宝石"和"版画珍珠"的美称。现在，藏书票除有实用价值外，已逐渐衍化为一种袖珍艺术品，在世界各地都有关于藏书票的创作、交流、展览、研究、收藏和拍卖。藏书票深受人们喜爱。藏书票与生俱来就与图书有着不解之缘，这种缘分就是人类对知识的崇拜和对书籍的热爱之情，藏书票是爱书的人对所收藏图书的感情寄托。

（一）藏书票的起源和发展

藏书票起源于 15 世纪的欧洲，是随着印刷技术在欧洲的出现而产生的。之所以说印刷术在欧洲"出现"而非"发明"或"诞生"，是因为相关专家认为，到目前为止还没有相关史料可以排除它是从世界上最早发明雕版和活字印刷的中国传入的可能性，因而人们不能武断地声称，欧洲在 15 世纪出现的印刷术是欧洲人原创性的发明。无论是从丝绸之路到蒙古大帝的铁骑，还是从马可·波罗的中国之旅到十字军东征，种种史料表明，中国的木版印刷品和印刷技术，的确在 15 世纪以前就到达了欧洲。比如，1294 年波斯京城大不里士（属伊朗）已仿中国元代印行纸钞，1310 年波斯首相、史学家拉希德－埃丁所著的《世界史》阐述了中国雕版印书方法。

藏书票的产生，与西方印刷技术的出现和发展有着密切的关系。1450 年德国人古腾堡（Gutenberg，1398—1468）首次使用了铅活字印刷技术，从而使铅活字版印制的《圣经》等书开始流行，大大推动了欧洲印刷业的兴起。由于早

图 1 "刺猬"藏书票

图 2 "天使纹章"藏书票

期印刷技术的局限和纸张的价格不菲，当时印刷的图书还相当稀有，只有富有的贵族和修道院的僧侣们才可能享用。图书的稀有性大大刺激了读书人的占有欲，有人借了别人的图书不思归还，于是图书的主人在沿用诸如烙印、手绘纹章等标记方法以外，开始用一种富有装饰性的小纸片，贴在书的封里或者扉页上，来标明图书的归属，提醒借书人应及时地、完好地将书还给主人。"刺猬"藏书票（图 1）的出现就是在这个时候，它采用的是木刻版画的方式。这是迄今为止发现的最早的纸贴式藏书票，后人推算它大约制作于 1450 年，系德国人约翰内斯·克纳贝恩斯贝格（Johannes Knabensberg）所有，署名"Igler"，即刺猬。藏书票画面上有一只刺猬脚踩折断的花草，口中衔着一朵野花，飘动的缎带上有一行德文，意谓"慎防刺猬随时一吻"。它幽默地警告别人，本书已有主人，没有经过同意，请勿私自接触。这款藏书票存世数量极少，最早是单色印刷的木刻版画，仅存的几张还都被好事的后人涂上了颜色。

另一幅古老的藏书票是"天使纹章"（图 2），后人从其设计原稿的一段记录考证，它是在 1470 年间德国勃兰登堡（Brandenburg）家族送书给一家修道院时特别印制的。它的票面上是背有双翅的天使手执画有似牛似马生灵的盾牌。

图 3 15 世纪手抄本书上的手绘纹章两种　　　　　　　图 4 精装的印刷书上的烫金纹章

这张以贵族纹章为图案的藏书票，可以说是纹章藏书票（armorial ex libris）的鼻祖。它的票面上并无任何文字，符合纹章藏书票的早期特征，因为源于盾牌的早期纹章具有唯一性的识别功能。在纹章藏书票流行之前，西方贵族只是将代表家族的纹章图案用瑰丽精致的绘工，直接画在珍贵的手抄本上（图 3），或者用有纹章图案的金属烙印在手抄本封面上以示拥有。后来，烙印纹章的方式久而久之也被应用在图书封面的装帧上（图 4）。这种纹章式样的图书标记，现在仍然可以从留存的西方古董书和纹章藏书票中看到，上面并无任何文字（图 5）。

随德国之后，16 世纪法国和英国的教堂、宫廷及贵族世家也先后使用纸贴式的藏书票了。而后大约在 17 世纪中叶，藏书票随英国和荷兰殖民者流入美洲，立即在美洲风行一时。在此前的美洲，修道院会用有标记图形的烙铁在书口烫上印记以示拥有（图 6）。到了 17 世纪末的彼得大帝时期，沙皇的重臣和贵族们，也开始使用藏书票。再往后，藏书票便不胫而走，传遍了欧美各国，19 世纪中后叶开始传到东亚之日本和中国。而且藏书票的款式不再单以纹章为主，出现了图画、寓言故事、动物、花草和交织字母等，有的还间以警句、格言、箴言和诗句等构成丰富多彩的语言文字。约在 16 世纪藏书票上开始出现"EX

图 5 纹章藏书票   图 6 烫在书口上的印记

LIBRIS"的字样。"EX LIBRIS"是拉丁语中"EX"和"LIBRIS"两个单词，和票主姓名或斋名一起构成"某某之书"或"某某的书斋"等意。"EX LIBRIS"的字样直到19世纪才被用得比较普遍，最后成为西方藏书票界约定的通用文字标志。当然，不同国家的创作者还会用自己的母语作为标志性文字，但多数人习惯用拉丁文。藏书票的制作方式也由最初的木版印刷扩展到雕刻铜版、雕刻钢版、蚀刻版、丝网版、石版和金属平版印刷等等，以至现代的计算机设计制作。

综上所述，德国应该是藏书票的摇篮和故乡，纸贴式藏书票使用的历史，几乎和西方印刷业的历史相当，已有五百多年之久。

（二）发展早期 ——作为实用品的藏书票

根据现有的资料，藏书票发展早期约为1460年前后到1860年前后，以最早使用藏书票的15世纪中叶作为开始，以19世纪后半叶英国、德国等相继成立藏书票协会的时间作为分水岭。这一时期的藏书票是随着书籍的普及而不断

图 7 法国 19 世纪后期出版的莫里哀戏剧口袋本（私人特装版）　　　图 8 和封面烫金相同的纹章藏书票

发展的，藏书票主要是贴在书上，完全以其实用价值支撑其存在和发展。

　　不过藏书票在其发展早期的前二百年并不普及，发展的速度也相对较慢。类似"刺猬"这种以图画为主的藏书票，在 16 世纪仍很少见到。原因是当时图书还只是贵族、教会和皇家图书馆的专属，图书拥有者们还十分推崇 15 世纪前就开始的那种古老而奢侈的办法，将所有者的纹章烫金烙印在装订豪华的图书封面上以示拥有。这种风气被奢侈的法国人一直沿用到 19 世纪末（图 7），以至藏书票在法国的普及远比其他欧洲国家要晚。随着图书普及和数量的增加，要在所有的藏书上烙印纹章显然太过麻烦。于是将纹章图案用版画技法移印在小纸片上，再将小纸片贴在书的封里或扉页上，这种简单易行的藏书票式样就在爱书人之间开始流行。虽然在当时或者之后的很长一段时间里，还有怀旧的爱书人喜欢将珍本书重新豪华精装，并在图书封面上烙印纹章，有的甚至还会在封里粘贴与封面纹章相同的纹章藏书票（图 8），但更多的藏书人只是使用纸贴式藏书票而已。现在存世的 15 世纪上半叶到 18 世纪下半叶的藏书票，几乎都是采用这种象征贵族权势和家族地位的纹章图案。

　　纹章起源于 12 世纪表明骑士身份的盾牌标识，而后，慢慢地普通人、家族、机构或团体，都可以按照自己的选择自由地采用纹章——唯一的条件是不得盗用他人的纹章。因此，纹章构成了标记个人身份、家族世袭和机构渊源关系的识别

图 9 纹章的基本元素（左）和中世纪骑士铠甲（右）

系统。后来纹章演变成欧洲贵族社会权势和家族地位的象征，这主要是因为以贵族、富商、教会和行政高层为代表的阶层，使用纹章的频率非常高。那个时候的纹章就如同现代社会的名片，人人都可以拥有，但并非人人都会去制作自己的名片。纹章的种类和数量非常庞大，自中世纪以来留存至今的纹章约有 100 万个。而且纹章体系非常复杂，颜色和图形的变化也非常多，盾牌、冠饰（王冠）、头盔、花环和垂饰、动植物装饰和格言都表示拥有者的身份、信仰、功勋和文化背景。各种符号，也都有特定的寓意和解释（图 9）。所以，在贵族具有真正法律地位的君主政体国家，早先都设有可以登记、管理、保护或控制某些纹章的官方机构——纹章管理局，用以专门负责处理和解决一切与纹章有关的问题。这些纹章管理机构虽然现在大多消亡了，但在英国、比利时、荷兰等国家仍然存在，以英国的皇家宗谱纹章院（Royal College of Arms）地位最高，最具权威，它直属于英王室。中世纪以来的纹章与欧洲人的关系十分密切，所以，纹章在早期藏书票中的流行就非常自然了。

　　藏书票随着欧洲艺术风格的流变，流行过多种款式。英国人华伦（J. Leicester Warren）在他的《藏书票指要》（*A Guide to the Study of Bookplates*，1880）一书中，将 17 世纪及以前的英国藏书票粗略分为四大款式。第一种是都铎王朝式（Tudoresque Style），也就是英国都铎王朝时期（1485—1603）的藏

图 10 都铎王朝式纹章藏书票　　图 11 卡洛琳式纹章藏书票　　图 12 图画藏书票一种

书票款式（图 10），但这种款式在最后一位都铎君主逝世后还在沿用。第二种是卡洛琳式（Carolian Style），即英国 17 世纪中叶英王查尔斯一世及二世在位时期的藏书票款式，以草卷纹和叶纹交织成旋涡的花饰圈住纹章为其特色（图 11）。第三种是图画藏书票（Pictorial Bookplate），雕刻家罗伯特·怀特（Robert White）为英国日记体作家、英国皇家海军创建者之一撒母耳·佩皮斯（Samuel Pepys，1633—1703）制作的肖像藏书票（图 12）是这种款式的代表作。当然，图画藏书票还有风景、书堆、书房等（图 13）不同图案形式。第四种是早期纹章式（Early Armorial Style），这种款式于 17 世纪后半叶开始成为藏书票的主流款式，一直到 1720 年左右才式微（图 14）。从华伦的这个分类中可以看出，图画藏书票正在摆脱纹章的羁绊，成为 18 世纪以后藏书票的主流款式。

1894 年，美国人查尔斯·德克斯特·艾伦（Charles Dexter Allen，1865—1926）编著的《美国藏书票：研究及例证指南》（*American Bookplates：A Guide to Their Study with Example*）一书，将流行于 18 世纪的早期纹章式藏书票划分为四种风格。第一种是早期英国式（Early English Style），这种风格将人或动物体和盾形纹章作为主体，纹章周围用精致环绕的装饰物联结起来，这类藏书票的票面上有日期、票主姓名、主题或警句等（图 15）。第二种是雅各式

图 13　图画藏书票一种　　　　　　　　　　图 14　早期纹章式藏书票（右）

（Jacobean Style），雅各式是指英王詹姆斯一世、二世时期（17 世纪）黑橡木色教堂雕梁和家具的流行风格。雅各式藏书票流行于 1700 年到 1745 年，风格以椭圆形浮凸但又匀称的纹章作为主体，配有头盔、头像、野兽、鸟、花果等，托座和周边装饰纹细致复杂，背景通常是鱼鳞纹或者砖墙的图形。这类藏书票比较正规，讲究平衡、对称和庄重的设计（图 16）。第三种是奇彭代尔式（Chippendale Style），也称洛可可式（Rococo Style）。托马斯·奇彭代尔（Thomas Chippendale，1718—1779）是 18 世纪英国最著名的家具制造商，其设计的家具跟欧洲 18 世纪洛可可建筑的艺术风格一样，特点是纤巧、浮华、繁复、琐碎。奇彭代尔式藏书票流行于 1740 年到 1790 年，其风格以肾形纹章为主体，采用大量涡卷纹和叶纹交织成的花饰和其他复杂的装饰，整体纤巧、繁复、琐碎。和雅各式有明显不同的是，它在平衡和对称之间有灵活的变化（图 17）。第四种是丝带和花圈式（Ribbon & Wreath Style）。1790 年以后开始的这种藏书票风格，采用流线、旗帜状的丝带和各种植物螺纹的形状装饰（图 18）。它利用悬空铲形纹章的简单造型，避免了背景复杂的细节设计。

以上的分类，从现在留存的纹章藏书票中都能找到它们的例证。因为分类是按照美术风格发展的历史脉络而定的，人们借此可以推断相应纹章藏书票的年代。当然古今艺术风格的递嬗，并非一派消亡另一派才兴起，而是几派并存多年，渐衍渐繁，

图 15 早期英国式纹章藏书票

图 16 雅各式纹章藏书票

图 17 奇彭代尔式纹章藏书票，美国首任总统
乔治·华盛顿的藏书票

图 18 丝带和花圈式，比利时詹姆斯·柯克
（James Kirk）设计的藏书票

图19 比利时威廉·亨利·汤姆斯（William Henry Toms）制作的藏书票

图20 丢勒制作的藏书票，1500年

图21 丢勒制作的藏书票，1525年

慢慢转入新境界。藏书票款式也是如此，可以各具特色，也可混合杂交，有很多藏书票就是汇集各款特征而成的（图19）。研究纹章藏书票的重点，在于运用纹章学的特殊语言解读纹章藏书票中的各种符号，理解欧洲老书票和票主之间隐晦的关系。这种自中世纪以来盛行的纹章，体现了那一时期欧洲贵族们对门第、身份的看重。后来他们将纹章转用到藏书票上，基本也是以族徽为主体，再配以寓言故事、人物、肖像、动物、花纹和少量文字点缀的图案，久而久之，慢慢出现和形成了图画藏书票的样式。这种状况一直延续到18世纪中期，随着中产阶级的崛起，书票也日渐平民化，多数人摒弃了纹章图案——即便使用也没有原来那样严肃了，藏书票的款式越来越多样化了。

藏书票从15世纪诞生以来就和版画结下了不解之缘。这是因为藏书票一般用量较大，而可以拓印多份的版画正好可以满足这一需要。而且这种实用性的艺术一面世，就有艺术家的参与。一般认为最早参与藏书票设计的艺术家，是欧洲文艺复兴时期德国最负盛名的油画家、版画家阿尔布莱特·丢勒（Albrecht Durer，1471—1528）。1500年丢勒为他的朋友法学家、政治活动家维利巴尔德·皮尔克海曼（Wilibald Pirckheimer，1470—1530）设计出了他的第一幅藏书票作品，上面画有皮尔克海曼及其妻子的徽章，并用拉丁语、希腊语和希伯来语写着这样一句格言："敬畏上帝是智慧的起源。"（图20）丢勒至少设计制作过20余款藏书票，这些藏书票以木刻为主，用刀精细，画面十分欢愉活泼，多被后人视作典范，故丢勒也被尊称为"藏书票之父"（图21）。除了丢勒，德国宗教改革时期的大画家路卡斯·克拉那赫（Lucas Cranach，1472—1553）、小贺尔拜因（Hans Holbein，the Younger，1497—1543）等人也都设计过藏书票。他们都有着非凡的绘画才能和独特的造型意识，画风轻松、丰富、细腻，并首创以人物肖像画的形式制作藏书票。当时的代表人物还有瑞士的约斯特·安曼（Jost Amman，1539—1591）（图22），德国的汉斯·西比梅杰（Hans Sibmacher，1560—1621）（图23），维吉尔·索利斯（Virgil Solis，1514—1562）（图24），巴歇尔·贝哈姆（Barthel Beham，1502—1540）（图25）等人，他们被称为藏书票"小大师"，他们的作品代表了欧洲16世纪前后高品质的藏书票艺术。

到18、19世纪，书的装帧和插图日益考究，藏书票的设计也更加匠心独运。欧美各国的版画大师，如英国的风俗画家威廉·霍加斯（William Hogarth，1697—1764）（图26），"木口木刻版画之父"托马斯·毕维克（Thomas Bewick，1753—1828）（图27），有"美国第一木刻家"之称的亚历山大·安德森（Alexander Anderson，1775—1870）（图28），法国画家阿格劳斯·布弗尼（Aglaus Bouvenne，1829—1903）（图29）等，都曾投身于藏书票艺术的创作，并留下很多不朽之作。那个时期以后，请名家制作藏书票成为时尚，越来越多的同时代人竞相效仿，纷纷请艺术家为自己的藏书设计藏书票。各式各样的藏书票每版往往都要印制几百份。德国南方，特别是纽伦堡和奥格斯堡，成了当时藏书票艺术的中心。在奥地利，这种艺术的中心则在维也纳。

藏书票的发展和西方现代版画艺术的发展密切相关。15世纪的木版、16世纪的铜版、18世纪后半叶的木口木刻，先后成为制作藏书票的主要媒介。到了19世纪前半叶，随着照相凸版印刷术（Photoengraving）的兴起，专业画家和业余爱好者都可以在纸上设计藏书票，再按照大小比例拿去照相制版，印刷成精美的藏书票。当时的藏书票制作也和版画制作一样有很细的分工，设计、描图、雕版、印刷都可以由不同人完成。因为那时的藏书票完全以实用而存在，藏书票多被认为是一种实用艺术品。艺术家也不可能在每张藏书票上签名，最多也只是和早期版画作品一样，在藏书票设计中留下设计师、雕版师的姓名缩写等版刻印记。再往后，特别从19世纪后半叶开始，有更多知名的插画家和艺术家投入藏书票设计中，藏书票的内容也包罗万象、琳琅满目，于是有人感觉到了

图 22 安曼设计的藏书票，1583 年

图 25 贝哈姆设计的藏书票，1530 年

图 26 霍加斯设计的藏书票

图 23 西比梅杰设计的藏书票

图 27 毕维克设计的藏书票，约 1800 年

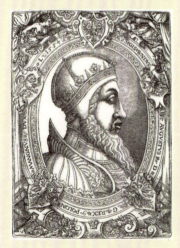

图 24 索利斯设计的藏书票，1554 年

图 28 安德森设计的藏书票，1822 年

图 29 布弗尼设计的藏书票

藏书票的艺术收藏价值，从此藏书票的发展进入了一个空前绝后的"黄金时期"。

（三）黄金时期——实用和艺术功能并重的藏书票

藏书票发展的黄金时期为 1890 年前后到 1953 年前后。这个分期以英国、德国等相继成立藏书票协会作为开始，以二战后欧美国家纷纷重建或恢复藏书票协会，并于 1953 年成立国际藏书票联合会（FISAE）作为分水岭。这一时期的藏书票在维持其实用性的同时，因其独特的艺术魅力和收藏价值而获得了蓬勃的发展。

19 世纪中叶，由于出版业的繁荣，读书阶层有了很大变化，需要藏书票的人数激增。为了迎合这种需求，印刷商都在七凑八凑地印制藏书票，欧洲各地的文具书报店都可以接受顾客定制藏书票，还出现了专事推销藏书票的推销员，他们带着藏书票推销手册（图 30）挨家挨户跑业务。结果，大量被讥为"制模工"式（die-sinker，固定的几种款式，套印上票主姓名）的藏书票被生产出来。一直到了 19 世纪后半叶，有插图师和知名艺术家设计了一些藏书票，这些藏书票非同凡响，立刻成为藏书家求之若渴的东西，于是他们纷纷请艺术家设计个性化的藏书票。这时有人开始重视藏书票的艺术性和稀有的收藏价值，渐渐

图 30 活页式的藏书票推销手册，约 19 世纪后期

地进行藏书票的搜集与研究。加上维多利亚时代的欧洲人以喜欢"漂亮的小玩意儿"（pretty things）出名，他们用剪贴簿收藏零零碎碎的小印刷品，许多古老的藏书票都是这样流传下来的。1875 年法国人波列特－马拉西（A. Poulet-Malassis，1825—1878）的《法国藏书票》一书问世，1880 年英国人华伦写成《藏书票指要》。这两部书一出，欧洲收集和研究藏书票的风气大盛。到了 1891 年2 月 10 日，一批收藏藏书票的热心人在伦敦开会，成立了世界上第一个"藏书票协会"（Ex libris Society）。该协会很快发展了 300 多名英美及欧陆各地的会员，并出版《藏书票协会学报》（*Journal of the Ex libris Society*）。接着德国、美国以及其他欧陆各国也陆续成立类似的组织，出版自己的会刊或专著。收集藏书票一成风尚，新老藏书票自然供不应求，收藏和交换藏书票的活动变得与集邮一样普遍。19 世纪末 20 世纪初，大家对藏书票集藏的兴趣达到高峰。

第一次世界大战期间，各地收藏家、艺术家大范围跨国界的收藏、交流活动因通信受阻而一度中断，但这并不影响各国自己对藏书票的热衷。例如美国参战期间，联邦政府为提高人们对参战的支持率，以各种方式激发民族主义和爱国主义，美国国家图书馆协会曾组织了一次为美国前方将士捐赠图书的活动，并在送往前线的图书上粘贴了一款专用藏书票（图 31）。这款"一战军人藏书票"以及为这

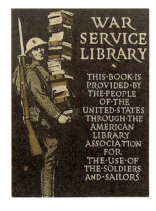

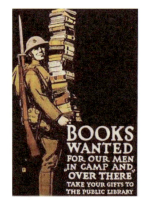

图 31 美国的"一战军人藏书票"，6.6×8.8cm，1917 年

图 32 美国为"一战军人藏书票"配套发行的两幅宣传海报，直幅70×103cm，横幅 85×72cm，1917 年

次捐赠图书活动所配套的几幅宣传海报（图 32）的设计者，是美国著名版画家、海报设计家查尔斯·巴克利斯·福尔斯（Charles Buckles Falls，1874—1960），他是鲁迅推展新兴木刻运动时向国人引进介绍过的木刻家之一。不仅是美国，当时作为敌对方同盟国的德国，也在战争期间设计使用过类似的藏书票（图 33）。这些足可见藏书票当时在人们心目中的地位，以及它的风行程度。一战结束后的 20 年间隙期，藏书票的发展又是一番新局面。各地藏书票协会纷纷复苏，藏书票的使用更加广泛，市面上甚至出现印刷商出版的盒装通用藏书票，这种藏书票像邮票一样刷有背胶，只要填上姓名，沾水后即可贴在书上（图 34）。二战期间，由于战争惨烈，战事频仍，烽火遍地，世界各地的藏书票协会几乎都停止了活动。但这并不影响藏书票的个人使用，例如这一时期的风云人物戴高乐、希特勒和墨索里尼等，都使用过带政治色彩的藏书票（图 35）。二战后，虽然到处断壁残垣，通信仍严重受阻，各国民生经济远未复苏，但是各地的藏

图 33 一战时期德国的藏书票

图 34 盒装有背胶的通用藏书票，
19 世纪后期美国安提阿藏书票公司
（Antioch Bookplate Company）出版

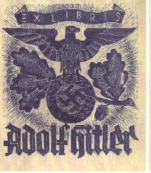

图 35 二战时期的戴高乐、希特勒、墨索里尼使用的藏书票

书票协会仍然急欲恢复原状。

　　从艺术角度看，19世纪以来西方美术界兴起反传统的现代艺术，流派纷呈。各个流派的艺术观点也反映在藏书票设计中，参与的画家之多、热情之高，前所未有。印象派的爱德华·马奈（Edouard Manet，1832—1883）、卡米耶·毕沙罗（Camille Pissarro，1830—1903），后印象派的保罗·高更（Paul Gauguin，1848—1903），野兽派的亨利·马蒂斯（Henri matisse，1869—1954）及纳比派的彼尔·波纳尔（Pierre Bonnard，1867—1947）等划时代的大师，都曾设计与制作过藏书票。这时期繁花似锦的藏书票，不再是单一表明藏书所有权的标志，而是藏书票主人和设计者的精神内涵和绘画语言的表现方式。尽管它们依然小巧玲珑，却饱含了绘画艺术的基本要素及时代文化的特征，藏书票在绘画艺术中的地位得以确立。又因为19世纪后半叶，工业社会来临，缺乏个性的机器产品大量涌现，部分文化人转而崇尚手工，在英国形成了威廉·莫理斯（William Morris，1834—1896）提倡的工艺美术运动（Arts and Crafts Movement），继之而来的是影响更广泛、变革更彻底的"新艺术"（Art Nouveau）运动。"新艺术"的宗旨是美化生活，主张以抽象的韵律感来表达理念，其象征主义美学观点和唯美主义的特征影响久远，其对藏书票的影响也是自然而然的。"新艺术"严谨、精致、律动、简练的设计风格几乎使藏书票脱胎换骨。德国新艺术运动中著名画家马克斯·克林格（Max Klinger，1857—1920），使用学院派造型语言和象征手法，绘制简洁明快的藏书票画面，以表达他对洁净的虚幻世界的向往，这种创作很具有时代文化特征（图36）。西班牙的伊斯梅尔·史密斯（Ismael Smith，1886—1972），从事过雕塑和版画创作，他的铜版藏书票，擅长以单纯、简练的线条营造出凝重、厚实、透明、洁净的画面（图37）。维也纳分离派画家古斯塔夫·克里姆特（Gustav Klimt，1862—1918）（图38）和英国的著名插图画家奥伯利·比亚兹莱（Aubrey Beardsley，1872—1898）（图39），是新艺术浪潮中最出色的画家，他们以黑白平面、优美的曲线、

图 36 克林格设计的藏书票，1911 年

图 37 伊斯梅尔·史密斯设计的藏书票

图 38 克里姆特设计的藏书票，1900 年

图 39 比亚兹莱设计的藏书票

图 40 舍邦设计的藏书票，1892 年

图 41 冯·拜劳斯设计的藏书票，1914 年

奇特的思维和形象所表达的绘画性图案，同样反映在他们所设计制作的藏书票上，令人难以忘怀。

这时期英国藏书票设计大师查尔斯·威廉·舍邦（Charles William Sherborn，1831—1912）以笔风细腻闻名，世称维多利亚"小大师"。可是，由于致力于传统的纹章藏书票，他一生刻制的 500 余款藏书票大半是纹章款式，这些藏书票笔力虽佳，但缺少新意，难脱迂腐之气——但舍邦仍不失为大师（图 40）。还有出生于西班牙贵族之家的奥地利版画大师弗朗茨·冯·拜劳斯（Franz von Bayros，1866—1924），他的画风奢华繁缛，他以极其华丽的洛可可风格表现情

图 42 吉尔设计的藏书票,票主为世界著名的英国艺术史学家阿南达·库马拉斯瓦米（Ananda Coomaraswamy, 1887—1947）, 1920 年

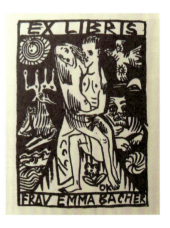

图 43 柯克希卡设计的藏书票, 1909 年

色题材的版画著称,其藏书票作品也以这类为多（图 41）。英国的埃里克·吉尔（Eric Gill, 1882—1940）,是英国现代木刻复兴的奠基人,同时也是字体设计家、插画家、雕塑家,伦敦威斯敏斯特大教堂十四座耶稣受难像就是他的作品。他的木刻风格高古典雅,线条干净,或单纯或浓烈,这种风格所刻画的女性裸体能给人以美的愉悦。他创作的许多藏书票,都是收藏家们的热门收藏（图 42）。这期间还有不少艺术家将他们异彩纷呈的艺术成就复现在藏书票的创作中,照亮藏书票艺术的一片天空。

随之而来的是德国的表现主义艺术流派,这一流派对版画和藏书票也产生了极大影响。版画家利用工具的特点,夸大刀的表现力和黑白语言的描述性。在奥斯克·柯克希卡（Oskar Kokoschka, 1886—1980）的藏书票中（图 43）,黑白语言被淋漓尽致地发挥,我们可以体察到艺术家放刀直刻的激情,以及酣畅自如的绘画本性。

新艺术浪潮和表现主义对版画艺术的影响,不仅对藏书票的成熟和完善起到了巨大的作用,而且使藏书票随版画一起走进了现代绘画之列。藏书票上开始出现艺术家的签名,藏书票随艺术家的知名度增加而升值。另外,文学家等知名人物的加入,也影响到藏书票的创作,文学和艺术的知名度间接促成文学家与艺术家的合作。例如印象派画家马奈为法国象征主义诗人和散文家斯特芳·马拉美（Stephane Mallarme，1842—1898）设计过藏书票，法国画家布弗尼以小说《巴黎圣母院》为主题为维克多·雨果（Victor Hugo，1802—1885）设计过藏书票（图44），奥地利画家恩美·奥禄加（Emil Orlik，1870—1932）为奥地利诗人赖内·马利亚·里尔克（Rainer Maria Rilke，1875—1926）设计过藏书票，幽默大师查理·卓别林（Charlie Chaplin，1889—1977）为他夫人电影明星宝莲·高黛（Paulette Goddard，1910—1990）设计过藏书票（图45）。由于不少知名艺术家的参与，藏书票的发展与推广得以加速。

这个时期的美国，可能是整个西方藏书票界发展最好的国家，其藏书票的数量、质量、普及程度，以及名家辈出的局面，都可以让人称道再三。其中有被尊为"美国藏书票黄金时期大师"的藏书票五大名家，他们设计、雕刻、印制的藏书票代表了美国这一时期的最高水平。他们的领军人物是生于马萨诸塞州的埃德温·戴维斯·弗伦奇（Edwin Davis French，1851—1906），他的作品受英国版画大师舍邦的影响，设计时善于使用细密的元素，将风景、肖像和有讽喻意义的对象进行组合，整体风格复杂而紧凑。他主要采用雕刻技法，设计了大量完美图案式的藏书票（图46）。他一生制作了300多款藏书票，留下了不少经典的名作，顾主多数是实力雄厚的财团首领、机构、大学和图书馆。同是马萨诸塞州人的西德尼·劳顿·史密斯（Sidney Lawton Smith，1845—1929）开始只是一位铜版雕刻师，他在雕版印制实践中极大地提高了自己对图像造型和雕版技巧的驾驭能力，在藏书票

图 44 布弗尼为雨果设计的藏书票，约 1831 年

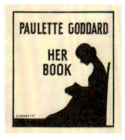

图 45 卓别林为高黛设计的藏书票，约 1935 年

图 46 弗伦奇设计的藏书票，1902 年

图 47 史密斯设计的藏书票，1908 年

设计上以刻画人物和肖像而著名。史密斯一生雕刻了200多款藏书票，他都是采用蚀刻或者雕刻技法，在藏书票中体现了人物、肖像和文字、图像的完美结合（图47）。新英格兰人亚瑟·纳尔逊·麦克唐纳（Arthur Nelson Macdonald，1871—1940）从小就对木刻很熟悉，曾在珠宝店从事铜、银雕刻，后来成为弗伦奇的学生。他的作品的一个显著特点就是使用图像元素环绕作为边框，边框的上面或者底部安排文字。其画面图案都比较写实，他喜欢用有关联的实景作为创作素材，使作品整体显得比较庄重，让作品有很强的雕塑感（图48）。出生在康涅狄格城的威廉·福勒·霍普森（William Fowler Hopson，1849—1935）是一位多产的插画家，曾经为韦氏字典的2500条注解作插图。43岁时，他为自己创作了第一款藏书票，此后一共制作了近200款藏书票。霍普森的设计善于根据家庭、图书馆和票主感兴趣的事、物等来安排画面，以表现主人的个性（图49）。约瑟夫·温弗雷德·斯潘塞利（Joseph Winfred Spenceley，1865—1908）是另一位生于马萨诸塞州的艺术家。在学习绘画之后，他在波士顿和芝加哥从事雕版工作。他设计创作的213款藏书票显示了他绘制书房、书堆、纹章和风景画的技巧（图50）。同时期和上述五大师齐名的还有很多，如伊莱莎·布朗·伯德（Elisha Brown Bird，1867—1943）、弗雷德里克·斯潘塞利（Frederick Spenceley，1872—1947）、蒂莫西·科尔（Timothy Cole，1852—1933）、查尔斯·约瑟夫·赖德（Charles Joseph Rider，1880—1955）等等，他们都是美国藏书票黄金时期的代表性艺术家，他们的作品都彰显了这一时代的创作水准（图51）。

再往后，西方藏书票界还有几位不得不提的人物。一是著名的美国版画家洛克威尔·肯特（Rockwell Kent，1882—1971），他因为给美国小说家赫尔曼·麦尔维尔（Herman Melville， 1819—1891）的名著《白鲸》制作插图而为中国读者所熟悉。在绘画技法上，肯特惯用大块黑白进行对比，以表现出强烈的光感。他用线工整简洁，刻画精细，表现力丰富，是20世纪具有强烈个性的版画大师。他先后创作了200余款藏书票，大部分都受到收藏家的喜爱（图52）。二是比利时

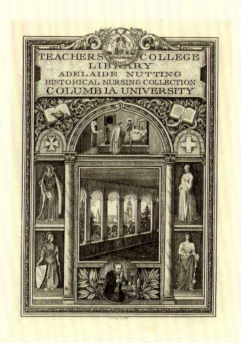

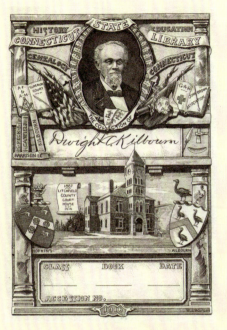

图 48　麦克唐纳设计的藏书票，1934 年　　　　图 49　霍普森设计的藏书票，1916 年

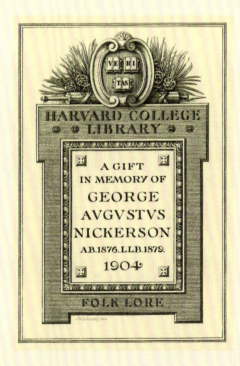

图 50　斯潘塞利设计的藏书票，1904 年　　　　图 51　伯德设计的藏书票，1917 年

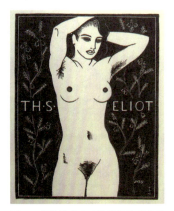

图 52 肯特为罗切斯特大学设计的
藏书票

图 53 塞维林为艾略特制作的藏书票

图 54 麦绥莱勒设计的藏书票

的马克·塞维林（Mark Severin，1906—1987），他毕业于牛津大学，后加入英国国籍，是英国现代木刻复兴运动的奠基人。塞维林也是英国杰出的邮票设计家，其作品多次获奖。他在藏书票世界的声誉来自他创作的一批构思奇特大胆、线条细腻柔和的情色藏书票（Erotic bookplates）。比如他为诺贝尔文学奖得主、《荒原》作者托马斯·斯特恩斯·艾略特（Thomas Stearns Eliot，1888—1965）制作的一款裸女木刻藏书票，精致细腻，人物传神，被传为经典（图 53）。另外一位是比利时的法朗士·麦绥莱勒（Frans Masereel，1889—1972），他是鲁迅推展新兴木刻运动时推崇引进中国的版画家之一，故其艺术风格为中国艺术家所熟悉。他一生刻制的木刻作品有近万件，黑与白的巧妙处理是麦绥莱勒木刻艺术的灵魂。他的藏书票作品虽然不多，但艺术水准和他的木刻作品一样高超，用刀简洁爽朗，出线流畅、劲挺而有木味，黑白灰表达出来的那种独特的装饰美，给人以强烈的艺术感受（图 54）。这一时期还有很多著名艺术家投身于藏书票的创作，为藏书票的发展起到了承前启后的作用，如果没有他们的参与，藏书票发展的黄金时期定会黯然失色。

虽然藏书票发展黄金时期的时间跨度只有 70 多年，而且其间还经历了两次世界大战和经济大萧条，但这些磨难并没有使人们对藏书票的热情消退。这确实是一个当之无愧的藏书票黄金时期，无论藏书票的质量、数量，还是藏书票的收藏交换和普及使用都是最好的。而且，藏书票制作的材料也不再局限于纸张，艺术家们开始尝

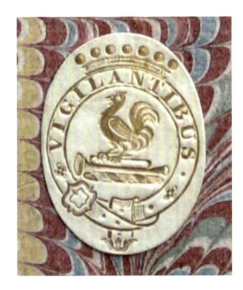

图 55 制作于 19 世纪中期的皮革藏书票和 20 世纪早期的棉布藏书票

试用皮革和棉布等材料制作藏书票（图 55）。除了使用，人们像着了迷一样地竞相收藏藏书票，还委托拍卖公司，定期举办藏书票拍卖活动。这一时期著名艺术家的参与人数和创作激情都是空前绝后的，他们当时为文化名人、政治家、科学家创作使用的藏书票，都成了留给后人的宝贵文化遗产。还有，这一时期对藏书票的研究、整理等也都达到前所未有的高峰水平。

（四）现当代——以展现艺术魅力为主的藏书票

1953 年以来是藏书票发展的现当代时期，这一时期的发展趋势表明，藏书票的实用功能逐渐被艺术功能替代，藏书票艺术魅力的附加值不断提高，它的收藏价值和珍贵性不断得到体现。

随着第二次世界大战结束，欧洲各国纷纷重建或恢复藏书票协会，于是不少收藏家和艺术家开始考虑如何能够每隔两年左右大范围地集合一次，以便交换藏书票、举办展览、交流创作和结交朋友。1953年在意大利藏书票收藏家同时也是该国藏书票协会会长吉阿尼·曼特罗（Gianni Mantero，1897—1985）的号召下，各方组成了国际藏书票联合会（The International Federation of Ex Libris Societies，简称FISAE）。国际藏书票联合会是一个灵活而松散的国际学术组织，以会员国形式吸收会员，至今已有包括中国在内的三十几个国家加入。国际藏书票联合会会议每两年举办一次，在不同的国家和城市举办。参加国际藏书票联合会会议的代表由会员协会组织。国际藏书票联合会会议的重要议项包括：举办自上届会议以来新设计的藏书票展览，举办一个与会议所在国有关的藏书票历史或特定主题的展览；选举确定下届举办国家和城市，以及递接后届国际藏书票联合会会议举办国申请，通过一些有关藏书票会议的补充和修改章程；举办一些藏书票专题讲座，提供广泛的藏书票现场交流机会。

国际藏书票联合会的正式语言是英语、法语和德语。1953年国际藏书票联合会成立之时，"ex libris"这个词被纳入藏书票制作的规定。1958年在西班牙巴塞罗那召开的国际藏书票联合会会议，正式制定并颁布了藏书票制作的技法标记，大致依版画的技法分成凹版、凸版、平版、孔版、其他5个大类30余种技法标记，这使得藏书票创作有了统一的规范，同时也便于国际收藏者交换识别。1993年3月，国际藏书票联合会还正式通过电脑辅助设计藏书票（Computer Aided Design，简称CAD）的制作方法，紧跟时代潮流。国际藏书票联合会会议召开以来，举办国家（城市）都要设计自己的会标（图56）。国际藏书票联合会的这些举措，大大推进了世界范围的藏书票发展。

随着社会的进步和科技的日新月异，藏书票的设计制作反而走向精致化，藏书票和版画艺术一起，甚至发展成为爱书人的私房画。藏书票内容更是无所不包，有传说和神话、建筑、职业、儿童、女人、交通工具、户外活动等等，几乎所有与人们生活有关的事物，都可以成为藏书票创作的题材——只是要和票主的身份、地位和趣味结合在一起，而非随意地拼凑。在欧美等西方国家，专门收藏版画藏书票的痴迷者，大多数是高级知识分子、文化人或艺术鉴赏家，他们很大程度上已经成为艺术家创作的动力源。有的版画家也是收藏家，他们收藏的题材依自己的兴趣爱好而定，专题收藏者不少。有专门收藏动物的，也有收藏人物、风光、建筑的，还有专门收藏情色（erotic）题材的，这同西方人的审美和文化分不开。因为20世纪以后的欧洲人刚刚从保守观念的禁锢中挣脱出来，艺术家们引领个性解放、回归自然和性解放等潮流，纷纷按自己的意愿，创作了很多自由奔放、个性张扬，以情色为题材的藏书票作品。因为藏书票本来就属于个人私房画，作品不必像公共出版物那样受到审查，于是，以情色为题材的表现更是大胆（图57）。据塞维林1972年在伦敦出版的《欧洲的雕刻藏书票（1950—1970）》一书的统计，1970年裸女和情色藏书票已经占30%，以后更增加到35%。可见情色是20世纪藏书票创作的重要主题之一。当然也有不注重题材，只求艺术水准的专题收藏。收藏家们的眼光很高，涉猎十分广泛，不同风格的作品，只要水平高都有人收藏。

　　这时期的藏书票作品，完全随着艺术家的声誉一起走进了现代绘画艺术品之列。藏书票上不仅出现了艺术家的签名，还和版画作品一样，有了藏书票制作的技法标记、作品计数和创作年份等。进入现代期的西方藏书票，创作手法更加多样化，有的制作技术比较复杂，这同西方近代科学与经济的发达分不开。藏书票制作者十分注重作品的手工性与技艺性，对材料、纸张、印痕、标识、签名设计都十分讲究。这时期藏书票作品的艺术风格多样，异彩纷呈，尤以铜版（图58）、石版（图59）为最。传统木刻的水平也十分精湛，线条极其精细的木口木刻，若不是亲眼所见，真不知这些木刻版画是怎么刻印出来

图56 北京2008年第32届国际藏书票双年展会标（杨可扬）

图57 塞维林为内田市五郎制作的情色藏书票

图 58　赫列斯多·奈德努夫
（Heisto Naiderov，保加利亚）
设计的藏书票

图 59　弗拉迪米尔·苏察尼克（Vladimir
Suchanek，捷克）设计的藏书票

图 60　鲁道夫·里布（Rudolf
Rieb，德国）设计的藏书票

　　的（图 60）。技术与艺术的完美结合，使小小的藏书票更加美轮美奂，惹人喜爱。

　　另一方面，出于实用的需要，欧美出版商也大量定制商业性成品藏书票。以美国为例，20 世纪前后，美国的格陵兰出版社和后来的安提奥克藏书票（Antioch Bookplate）公司都商业出版了罗克韦尔·肯特和其他多位藏书票艺术家的藏书票。像肯特这样的著名藏书票艺术家，在藏书票热门的年代，安提奥克公司每年销售他的藏书票都在 30 万张以上。除此以外，像多弗出版公司（Dover Publication, Inc.）、蒂芙尼公司（Tiffany & Co.）、达顿出版社（Dutton's）等，也都在印刷成品和通用藏书票以上市销售。这类书票不标明票主，只在有图画的票面上留有一定的空白作为票主签名的地方（图 61）。有的像邮票一样，打上齿孔，背面刷胶。还有的只有一个线框或花式框的空白藏书票标签，人们只要将之贴在书上，签上名或盖好章就完事了，有的甚至直接印上姓名，就更加简单了（图 62）。这种做法虽然脱离了藏书票艺术的传统，但或多或少反映出 20 世纪以来的社会背景，一旦流传到后世，也能成为未来藏书票专家研究的课题。这一类书票在国外市场上不仅使用频繁，在收藏市场的流通也很活跃——尤其是有名家签名的藏书票（图

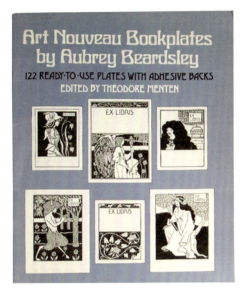

图61 美国多弗出版公司出版的通用藏书票封面，1974 年

图 62 印有姓名的藏书标签

63 ）。不过这种收藏看重的只是名家签名，这种行为实际已经异化为明星崇拜了。藏书票使用带动的商业热情一直延续到 20 世纪中后期，接着就很快跌入低谷。自此以后，藏书票的实际使用即使在欧美国家，也慢慢淡出了人们的视野。

在藏书票的艺术功能逐渐被强化的现当代，藏书票的实用功能肯定会被弱化，这是事物的两重性。越来越多的现当代藏书票艺术家和收藏家关注的是作品的艺术性，传统的拍卖市场和后来的网络拍卖市场，更加强化了作为艺术品的藏书票的身价。艺术性的加强，提升了作品的附加值和珍贵性，于是乎，绝大多数的藏书票不可能再回到书的封里、扉页而成为书籍所有者的标志，而只能成为收藏家收藏册中的藏品。这显然是一把双刃剑，在藏书票艺术价值提高的同时，藏书票的实用性逐渐减弱。试想，有谁会将制作成本高过书价多倍的个人藏书票贴在自己的藏书

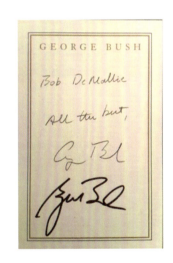

图 63 有老布什和小布什签名的藏书票

图 64 电脑设计制作的藏书票（CGD）

上？另外，流行趋势也在将藏书票逐渐演变成一种特殊的艺术样式。藏书票的幅面越来越大，藏书票上必需的文字元素越来越隐蔽，藏书票的艺术创作目标越来越异化为视觉展示。这些，都是藏书票进入现代发展期的一种无奈。当然，这也是社会在发展、文明在延续的一种新的表现形式。

不过，随着藏书票的设计制作与电脑结合，便捷性和公众参与性增加，藏书票的实用功能有可能回归。例如买到几本新书，有兴趣的话你就可以随时在电脑上通过软件设计一款个性化的藏书票，随即打印制作，贴在书上使用。虽然电脑设计的藏书票自诞生以来，还没有被多数收藏家接受，但随着国际藏书票联合会于 1993 年 3 月认可了计算机辅助设计藏书票的制作技法，平面设计师和爱好者从此都可以利用计算机科技，创作一款款通过计算机设计和打印的精美藏书票（图 64）。这些藏书票已成为合乎创作技法规范的藏书票作品，可以参与国际竞争了。自然，这样的藏书票作品同样也会被越来越多的收藏家所接受。

（五）日本藏书票的发展历程

过去，日本书籍的雕版、印刷、装帧等都学自中国，就连爱书人在书上所钤的"藏

书印"也和中国文人一样。至今，日本仍有喜欢用藏
书印的藏书家。西方藏书票最早传到日本，估计是在
17世纪前后。当时，在日本九州一带传教的欧洲人带
来了《圣经》和其他洋书，这些书中有贴了藏书票的，
但这并没有引起当时日本人的注意。近代研究发现，
日本醍醐寺1470年所藏的书上有一张类似藏书票的纸
片，用木版印刷，方线框内完全是汉字，虽然形式上
它没有图画的装饰，但总的来说，仍被视为日本最古
的"藏书票"（图65）。这张"藏书票"上有关藏书
内容的警句，也曾被欧美的藏书票研究者在他们的藏
书票专著中引用。日本小学馆出版的《图说藏书票的
世界》（1982年），也收录了一款日本江户时代（1603—
1867）的"藏书票"（图66）。这两个例证或多或少
说明，早期在东亚汉文化圈内，也曾使用过类似藏书
标签的藏书票。所以有西方专家曾推测，东方的印度
和中国在更早时期极有可能使用过类似藏书票的标签。

西方藏书票真正在亚洲流传是近一百多年的事
情，首先在日本流行开来。19世纪前后，西学东渐，
日本在思想、物质上都起了积极的变化。类似西方图
书的样式和铅活字印刷技术的引进，都是藏书票出现
的物质基础。1871年日本驻英国大使森有礼，专门
为"东京书籍馆"（今国会图书馆）定制了一款藏
书票寄回日本，贴在所藏的西方辞书和《圣经》上面。
这款藏书票为铜版印刷，书票上沿有"东京书籍馆"
字样，两边有"明治五年""文部省创立"的篆书字样，
中间是纹章标记加放射状的线条，其间有英文"笔

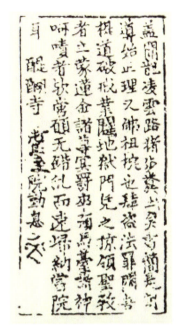

图65 日本醍醐寺藏书标签，1470年

图66 日本江户时代的藏书标签

图 67　东京书籍馆藏书票，1871 年

图 68　奥禄加在《明星》杂志 1900 年 10 月号上刊登的藏书票之一

比剑有力"（The Pen Mightier The Sword）。这是日本使用最早的欧式藏书票（图 67）。这款藏书票虽然是由日本官方正式引入的，但当时在日本的实际影响并不大，也没有能牵动西方藏书票在日本流行的趋势。

　　至 1900 年 10 月，藏书票在日本才真正受到"惊艳四座"的待遇。生于贝尔格莱德的奥地利画家恩美·奥禄加为研究浮世绘，于 1900 年 3 月来到日本，除了学习浮世绘，他还指导日本人制作石版画。其间他在日本的诗刊《明星》杂志 10 月号上，介绍了他制作的四款藏书票（图 68），在当时引起一阵骚动。于是，立刻有出于好奇的日本藏书家，委托奥禄加代为制作藏书票。日本画家和文人在惊叹之余，也纷纷开始动手制作，藏书票很快在图书爱好者中间传开，奥禄加也由此成为现代藏书票传入日本的功臣。再加上此时出洋留学的日本人很多，他们将西欧的思潮带回日本。一些对藏书票发生兴趣的留学生或进行搜藏，或请版画家代制，西方藏书票开始真正在日本流行起来。

　　从此，藏书票在日本文学界和美术界得到发展和普及。1922 年斋藤昌三和丰仲清联手成立"日本藏票会"，并在东京举办藏书票作品展，还出版会刊。斋藤昌三是日本现代散文家、美术家、藏书票艺术家。1929 年 8 月，斋藤昌三的《藏书票之话》由日本文艺市场社出版，这部装帧和插图精美、内容丰富的专著，有"日本藏书票圣经"的美誉。这时，日本藏书票的发展也由萌芽期转入启蒙阶段。其间，"日本书票协会"经历了磨合与中断。该协会 1933 年由小冢省治创立，

而后，1943 年又由志茂太郎重续。到 1982 年，日本书
票协会会员发展到 1300 人以上，内有 120 名外国会员，
会员人数之多，至今都居世界各藏书票协会之首。

图 69 日本藏书票一种

　　日本藏书票作品的风格，由沿袭欧洲逐渐发展到
具有独特的东方情味和民族风韵，创造出令人迷醉的
藏书票艺术形象。比如有的以"富士山""樱花"等
国家象征为题，有的以"龟鹤""松鹤"等入题以示
长寿等。到了近代，日本藏书票的发展更趋繁荣与普及。藏书票作者善于从民
间玩具、木雕、陶瓷、建筑艺术以及天真烂漫的儿童画中吸取造型、构图、色
彩、线条等方面的艺术元素，从而形成简洁、单纯、夸张、活泼、多样、有趣
的民族特色（图 69）。日本藏书票作品在技法上以多套色水印木版为多，也有
铜版和孔版。藏书票作品多由版画家亲自印制，或由专业的印刷工场手工印制，
由版画家担任监印。这些作品刻制认真，用料讲究，手工印制的质量上乘。日
本艺术家制作的藏书票艺术风格多样，个人特色极为强烈，特别是一些老一辈
知名艺术家的作品，以及一些公私出版的藏书票手拓本，令人爱不释手。

　　日本的藏书票虽仅有 150 余年的历史，但因为吸收了西方藏书票的优势并
加以发挥，刻制认真，用料讲究，题材丰富，木版、铜版、孔版、石版，各种
技法都得到应用，东方和西方风格的作品韵味独特，因而日本发展成为国际藏
书票创作和活动的重地。日本藏书票收藏家，大都实力雄厚，鉴赏水平高，敢
于在国际藏书票市场上叱咤风云，出手阔绰，令人咋舌。

（六）中国藏书票的发展历程

　　有中外学者根据中国木版画的发达和普及程度推测过，类似西方藏书票样

图 70 嘉业堂藏书楼藏书标签

图 71 东林书院藏书凭证

式的藏书标签的木版印刷品,可能在明代以前就在中国出现过。我们可以从清中期常熟医家、藏书家孙从添(1692—1767)所撰《藏书纪要》一书对制作和使用藏书"挂签"的记载,领悟上述推测的可能性。孙从添的记载说明,当时的藏书家就有使用木版藏书签条的习惯。这种形制的藏书签条,现在仍旧可以从浙江湖州南浔嘉业堂藏书楼的藏书中(图70),以及其他古旧书中发现。不过,明清藏书家使用的藏书"挂签"虽然形式上很像西方的藏书票,但其功能主要在于藏书的标识和编目,而不是突出藏书的所有权。因为中国传统线装书,大都是整部书(函或多册)上口朝里平卧放在书架(柜)上存放收藏,为利用空间,一般都是多部书叠放。所以在书下口的书页中夹压有显露在外表明相应书目的"挂签",可以方便查找,这相当于西式图书的书脊的功能。所以,虽然"挂签"上也有如"嘉业堂藏书"的字样,但其作用主要不是表明书的所有者是谁。不过,近年来国内已发现,明代遗存的藏书中有多枚"东林书院藏书凭证"(图71),这种藏书凭证很明显不同于藏书"挂签"。一是它们都粘贴在整部书的首卷册扉页右上角;二是这些凭证的尺寸为 90mm×60mm,为木版印制,形制很像欧式藏书票。这些凭证除有"东林书院藏书凭证"字样外,还有书名、类目、编次和明崇祯年月栏目可供填写,现已见到最早的纪年为崇祯三年(1630)。这可能就是西方人推测的中国在更早时期极有可能使用过类似藏书票的标签。我们由此推断，"东林书院藏书凭证"应该属于中国本土的早期藏书票（图71）。当然，根据中国雕版印刷的发达和普及程度，类似"东林书院藏书凭证"这样的藏书标签，还会有更多更早的发现。

不过，事实上上述这种藏书标记方式并没有在中国流行，其中有复杂的社会和人文环境等因素的影响。这就如同中国虽然在世界上最早发明了活字印刷技术，但活字版印刷却并没有在中国得到大力发展并流行起来，没能最终替代雕版印刷。有人分析，类似西方藏书票的标签之所以没有在中国流行，主要是由于中国人习惯使用藏书印章。按照唐弢的说法，"大抵线装书纸质柔润，便以钤印，洋纸厚硬，也就以加贴藏书票为宜"，这应该也算是其中一条可信的理由。姓名章或藏书印章、红印泥等都是中国传统文人书房案桌上必备的文房用品，人们在展读新书的同时随手钤上藏书印，自然更方便。

根据现有的资料，西方藏书票传入中国大致有三种途径：一是由西方直接传入；二是由中国早期留学生从西方间接传入；三是经由日本传入。

由西方直接传入，这一途径在藏书票产生以后的中外文化交流开始时段就有可能存在。如西方传教士很早就在中国传教：最早到中国的传教士是意大利人利玛窦（Ricci Matthieu，1552—1610），1582年就来华传教；1608年意大利传教士郭居静（Lfizaro Catfino，1560—1640）受徐光启邀请到中国传教；1618年德国人汤若望（Johann Adam Schall von Bell，1591—1666）前往中国传教。外国使节和商人进出中国则更早。这些西方人在传教、经商和从事外交活动的同时，完全有可能将西方流行的藏书票随图书带入中国。早先在上海图书馆就发现一本1608年德国科隆出版的拉丁文《新旧约指引》，书的扉页上贴有一款"德国奥斯定会圣十字修会"的藏书票，制作于1606年（图72）。如果能证明这本书是当时由西方人带入并留在中国的原始遗物，那它将成为这种直接传入途径最好的例证。上海是西学东渐的重要城市，西方人定居上海多而且早，他们

图72 德国奥斯定会圣十字修会藏书票，1606年

图73 上海教会学校藏书票，约1890年

带入和使用的西方藏书票肯定不少。如自诩为"上海人的慈善家"的英国建筑师亨利·雷士德（Henry Lester，1839—1926），1867年就到上海奋斗，后发迹成为巨富，有近60年时间一直生活在上海，在上海留下1434万银两的资产。他事业成功后，曾经捐赠一批图书给上海教会学校，书上贴有一款藏书票（图73），上面的文字是：亨利·雷士德捐赠给教会学校（上海）。藏书票伴随类似善举，在当时肯定会有一定影响。不过，藏书票经这些途径传入中国，对中国人的影响有限。因为当时这种交流非常有限，且碍于东西方文化的差异，类似这种不经意的传入，在当时并不会引起中国传统文化人太大的注意。

国人真正认识藏书票，应该在20世纪初和"五四"新文化运动前夕。一方面，随着西方文化的大量引进，洋教授和传教士们携来大批西方图书，藏书票自然也相伴而来，并引起当代新文化人的关注。另一方面，这时期中国开始引入西式学堂，西方人也开始在中国办大学，大学图书馆的建立，让西方图书馆的管理模式得以引进，藏书票的使用得以体现在图书馆的藏书上（图74）。当时北京的北平大学、燕京大学，天津的北洋大学，上海的圣约翰大学等大学的图书馆，都在使用藏书票。迄今为止，发现最早的"北洋大学堂图书馆"藏书票（图75），藏书票上编目时间为1910年。应该说，"北洋大学堂图书馆"藏书票是迄今发现的，有明确纪

图 74 贴在书上的燕京大学图书馆藏书票

图 75 "北洋大学堂图书馆"藏书票，1910 年

年佐证的，在中国最早使用的机构藏书票。根据北洋大学的建校历史，我们还可以进一步推测，北洋大学堂图书馆藏书票，最早的启用时间极有可能在光绪二十二年，即北洋西学学堂正式更名为北洋大学堂的 1896 年。由此，我们可以推断，中国使用欧式藏书票的历史，可以前推至 19 世纪末或者更早。不过，这种直接传入的方式虽然有一定的影响，但给一般人的印象，藏书票还只是图书馆用于图书编目的工具和载体。私人使用藏书票的习惯，受到洋装书当时在中国还未普及等因素的影响，尚未形成气候。

随着中国早期留学生的出洋留学，他们在海外注意到藏书票并开始使用，随即将之带回国内，藏书票开始在知识界流行开来。这是西方藏书票传入中国，并且在私人藏书中使用的最主要的途径。中国最早的留美学生是 1854 年毕业于美国耶鲁大学的容闳（1828—1912），后来曾任驻美副公使。在他的倡导推动下，清政府从 1872 年开始，先后组织 4 批共 120 名中国幼童赴美留学，开创中国官费留学的先河。根据现有的资料，中国最早使用藏书票的人就在这些早期留学生中。从国内已发现的资料看，使用过藏书票的人有关祖章、郑相衡、伍连德、宋春舫等（图 76），他们都是中国留学欧美的早期留学生。其中最有影响的藏书票，是 1990 年被中国台湾藏书票收藏家吴兴文先生发现并收藏的"关祖章藏

图 76 宋春舫的褐木庐藏书票，约 1930 年前后

图 77 关祖章的藏书票，1914 年

书"（图 77），它粘贴于 1913 年出版的《图解法文百科辞典》一书中。吴兴文先生在他的专著中比较谨慎地考证了这枚藏书票的使用时间是 1914 年。因为贴有这枚藏书票的《图解法文百科辞典》的扉页上有关祖章用钢笔写下的英文字句，留下了票主姓名、地点和时间等信息。资料表明，关祖章出生于 1896 年，国内藏书家龚宴邦先生收藏一枚有"关祖章藏书"字样的书票，该书票贴于 1908 年出版的英文版《本国语》一书上，关祖章在书上签署 1910 年，并题诗于书后，诗首有"十五青春远留洋"之句，可知他 15 岁就留学美国。如果这款藏书票不是后来贴的，那么他使用这款藏书票最早的时间就是 1910 年。应该说这是迄今所发现的，有明确纪年佐证的，由中国人使用的最早的私人藏书票。当然，现有的关于藏书票的中国之最，最终肯定会被其他新的发现刷新。

藏书票从日本传入中国，一个比较早的途径是先传入中国的台湾，传入时间当在 1894 年中日甲午战争以后。台湾发现与藏书票相关的最早文献是 1932 年（昭和七年）出版的《台湾山林会报》第 69 号。在该刊物上，日本人绪方吾一郎撰写了一篇《在日本的藏书票》的文章。文中已经指出当时台北帝国大学（台湾大学前身）图书馆、台湾总督府图书馆、渡濑文库，以及台北帝国大学教授里川大无，《台湾日日新报》报社的河村彻、杉浦和作等日本

图78 《台湾山林会报》1932年第
69号刊物上刊登的藏书票

图79 西川满的藏书票，宫田弥太郎
设计，1912年

职员都在使用藏书票。该文内还附有包括作者私人藏书票在内的四款藏书票（图78）。由此可见，藏书票传入台湾的时间当在此之前，实际上应该是在日本自欧洲引入藏书票不久，即由日本人引介传入台湾。藏书票真正在台湾流行起来，有据可考的是源于日本人西川满（1908—1999）。他于1910年随父亲来台，在台湾就读中学，从日本早稻田大学毕业后，继而在台湾从事编辑和出版事业。他很重视所编刊物和图书的装帧，先后邀请版画家设计制作藏书票（图79），将之印刷后随刊物和图书一起发行，逐渐在台湾引起藏书票热。后来陆续有日本人及台湾本地人投入，还举办过一些推广藏书票的活动，藏书票很快在台湾开始流行。二战结束后，随着日本人被遣返，这种活动也步入低潮。

至于现代藏书票在台湾的流行和发展，那就是20世纪80年代以后的事了。经过80年代舆论的宣传和90年代频繁的展览，台湾藏书票界和大陆、香港两地的同行乃至日本同行之间的交流非常频繁。出版的繁荣，让藏书票艺术逐渐在青少年一代得到普及。这时期藏书票创作的代表人物有潘元石、杨永智、吴望如等（图80）。值得一提的是，港台对于西方藏书票的收藏、研究风气甚于大陆，像董桥、吴兴文等，都堪称大家。

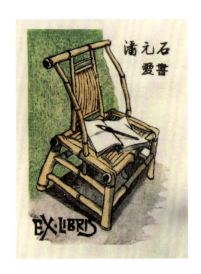

图 80 潘元石设计的藏书票，1993 年

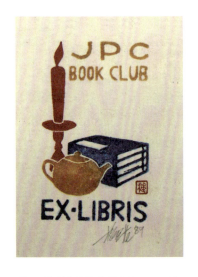

图 81 梅创基设计的藏书票，1989 年

香港的藏书票活动，早期的情况不详。早年藏书票收藏局限在叶灵凤、黄俊东等几位老作家之间。进入 20 世纪 80 年代以后，香港的藏书票活动受内地的影响，两地交往、交流日趋频繁，香港的藏书票艺术家参加内地书票界活动也比台湾方便、活跃。香港藏书票创作的代表人物有许晴野、梅创基、余元康、姜丕中、熊爱仪等（图 81）。由于香港在近代被视为中西文化交流的汇合地，拥有出版和对外交往的优势，所以香港的藏书票艺术家能比较早地参与国际藏书票活动，并进入国际藏书票市场。

藏书票传入内地的推动者之一，我们不能不提叶灵凤先生。他应该是我国最早系统介绍藏书票的文化人，他自己也曾不无骄傲地自称："由于我个人的几次介绍，中国读书界也多少知道了一点'藏书票'是什么东西。"叶灵凤最大的成就是他的文学，其实他早年毕业于上海美术专门学校，1925 年加入文学团体创造社时，他就负责过图书封面和插图设计。他一度对在欧洲兴起的"新艺术"着迷，特别欣赏英国的比亚兹莱，有时在设计图书封面时，也采用或极力模仿这种风格。基于对艺术的敏感，他自然对西方藏书票一见钟情。据叶灵凤自己介绍，1932 年他从自己订阅的日本版画协会出版的木刻刊物《版画艺术》上，见到日本版画家所设计的藏书票，觉得很有趣。他又从这本刊物的广告上知道日本以研究藏书票著名的斋藤昌三写过一本《藏书票之话》，便立即去信向他购买。斋藤昌三很快就回了信，并且送了几张他自己的藏书票给叶灵凤，还告诉他日本有一个爱好藏书票者的组织，可以像集邮一样彼此交换所藏，他要叶也寄一批自己的藏书票去，以便交换别人的藏书票。叶灵凤按照这个方法，模仿设计了一款西洋风格的藏书票（1933 年），该书票采用汉砖上的图案，以凤凰和连枝牡丹花纹布满画面，红字黑花。这个构图显然受到"新艺术"风格的影响（图 82）。他用自己的这款藏书票，交换到百余枚张款木版彩色水印的日本藏书票。后来斋藤昌三又将叶灵凤的藏书票在他们会员的刊物上加以介绍，说叶灵凤是他们所知道的"在中国唯一的一个热衷于藏书票搜集的藏书家"。

图 82 叶灵凤设计的藏书票，1933 年

　　此后叶灵凤对藏书票的收藏研究一发不可收，他以斋藤昌三的《藏书票之话》为依据，于 1933 年 12 月在施蛰存主编的《现代》第 4 卷第 2 期上，发表了《藏书票之话》一文。在这篇近 5000 字的文章中，他介绍了藏书票的历史，介绍了藏书票在德、美、英、法等欧美主要国家的现状，还介绍了藏书票的制作和收集等各种知识。在文中，他还附录了自己的藏书票 1 枚，其他国家的藏书票 16 枚，十分引人注目。叶灵凤在文末还真切地写道："关于藏书票的介绍，这大约是第一篇文字。我并不是想在现在这样的年代，来提倡这种书籍方面的小趣味，只是因为自己素来好看书，更爱好这种装饰风格的点缀，便信笔这样地写了。不过，读者中假如也有人见猎心喜的，我当然也不拒绝一点帮助。"这是在中国系统介绍藏书票的第一篇文章，在当时肯定有人受它的影响而走上喜爱、制作藏书票的道路。叶灵凤倡导藏书票尽管是昙花一现，但他在中国，也可以算得上是一位国际藏书票收藏和交流的引路人。

　　中国新兴木刻运动的导师鲁迅先生，极力推介现代版画艺术，自然和版画藏书票艺术有不解之缘。虽然他并没有直接倡导过藏书票的创作和使用，但对

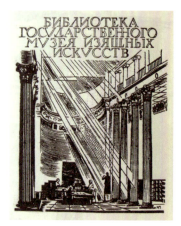

图 83 毕斯凯莱夫设计的藏书票

图 84 李桦、沈振英的早期藏书票，1930 年代

藏书票的关注和收藏都很早。鲁迅先生曾在日记中记载，1930 年 6 月 13 日在内
山书店购买斋藤昌三的《藏书票之话》（日本展望社改版重印本，1930 年 4 月
出版）。这应该比叶灵凤购买此书还早两年。1934 年，鲁迅在他编印的《引玉集》
中，还介绍过苏联木刻家毕斯凯莱夫所创作的一款藏书票（图 83）。现已知
道，这段时间，鲁迅收藏的中国现代版画会同人藏书票作品有 24 款，同时还收
藏有少量如日本等外国藏书票。除鲁迅外，出版家范用等文化人，都曾收藏过
藏书票。

　　差不多在这一时期，李桦参加了鲁迅先生倡导的新兴木刻运动，并在广州
创办"现代版画研究会"（1934 年）。李桦曾留学日本，对西方美术包括藏书
票艺术，多年耳濡目染。他在创办现代版画研究会期间，与日本版画团体"白
与黑社"多有交往，并从他们的《白与黑》刊物上，看到了日本版画家创作的
木刻藏书票。李桦、沈振英、赖少其、陈仲刚等现代版画研究会木刻家们有了
兴趣，也开始创作藏书票（图 84）。他们在会刊《现代版画》第 9 期（1935 年）
推出了手工拓印 50 本藏书票特辑。这是我国第一个手工拓印本藏书票专集，于
是也有了第一批有姓名可考的藏书票作者（图 85）。此后，两个版画团体的作
品交换活动不断，互相在对方的刊物上发表作品。1937 年，日本青年木刻家佐

图 85 赖少其、刘仑的早期藏书票，1930 年代

藤米次郎编印出版《第一回趣味藏书票集》和《第二回趣味藏书票集》（各手印 50 本），收录现代版画研究会李桦等 7 位木刻家所作藏书票 15 款。因此，可以说现代版画研究会，是我国藏书票历史上第一个有组织、有意识地倡导使用并创作藏书票的木刻社团，也是最早积极从事藏书票艺术国际交流的艺术团体。以李桦为首的现代版画研究会木刻艺术家们，是中国人倡导、创作使用西方藏书票的一支坚实的有生命力的骨干力量。也可以说，西方藏书票通过这个途径传入中国，才是中国现代藏书票发展的最大动力之源。

1937 年之后，出于几次战争和历次运动等众所周知的原因，藏书票在中国没有获得太大的发展。其间，只有李桦、李平凡、梁栋等老艺术家零星刻过一批自用藏书票，延续了藏书票这门艺术在中国的薪火，也为诸多艺术门类保留了一方难得的净土（图 86）。一直到 20 世纪 80 年代初，中国大地文化复苏，藏书票才迎来了迟到的春天。首先出来宣传的是前辈木刻艺术家李桦先生，他以藏书票的创作实绩，以版画展览的形式，积极倡导藏书票艺术。同时，版画艺术界一些藏书票作者和研究者认为，我国也应该有一个藏书票组织。于是，在梁栋先生的积极倡导下，1984 年 3 月 16 日"中国版画藏书票研究会"（后改称"中国藏书票研究会"和"中国出版工作者协会藏书票艺术委员会"，以下

图86 李平凡、李桦、梁栋早期制作的藏书票

统称"中国藏书票研究会")在北京成立,李桦为名誉顾问,李平凡和杨可扬为艺术顾问,梁栋为理事长。1986 年 8 月,中国藏书票研究会在上海举办了全国首次藏书票展览,展出作品千余枚,参展作者 500 多人,在全国反响甚大。之后,各地藏书票组织也相继成立,办展、交流、出刊,各种创作和收藏活动开始红火热闹起来。至 2007 年 10 月,全国藏书票展览一共举办了十二届。就在苏州木渎镇举办第 12 届全国藏书票展的前夕,2007 年 6 月 27 日,经中国美术家协会秘书长办公会议研究,同意原"中国出版工作者协会藏书票艺术委员会"正式易名为"中国美术家协会藏书票研究会",归属中国美术家协会管理。

在中国藏书票事业蓬勃发展的同时,中国藏书票正式介入国际交流。以 1985 年 3 月在北京中央美术学院开幕的"中日藏书票展览"为先河,随后北京、上海、重庆、昆明、成都等城市先后举办了日本和欧洲国家的藏书票展览活动。1984 年 8 月,中国有十几位艺术家的 30 多件作品,首次参加在民主德国魏玛举行的第 20 届国际藏书票双年展。1986 年,中国藏书票研究会征集了 107 位作者的 407 件作品,赴美国参加巡回展览。此后,我国版画家继承了中国版画的优

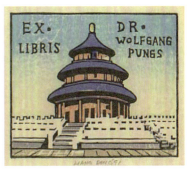

图 87　杨可扬、陈雅丹、梁栋制作的藏书票

良传统，加以创新、开掘，创作出了一大批富有中国民族特色的藏书票作品，参加历次国际藏书票双年展。由于我国藏书票艺术水平不断提高，1988 年 8 月 24 日在丹麦举行的第 22 届国际藏书票联合会会议上，国际藏书票联合会正式通过决议，接纳中国藏书票研究会为团体会员。2004 年 7 月，在奥地利韦尔斯举办的第 30 届国际藏书票联合会会议上，中国成功地赢得了第 32 届国际藏书票联合会会议暨 32 届国际藏书票双年展（2008 北京）的主办权。这些都是中国藏书票发展史上一个又一个里程碑式的事件。

　　中国藏书票艺术，多以意象创作为主体，借景生情，含蓄而富有诗意。票面构图形式不拘，或面或线造型，大刀阔斧，画面洗练，富有写意的简洁之美（图 87）。技艺上除采用多套色木版以外，还有黑白木刻、石版、丝网版、铜版、塑料版等等。创意内容包罗万象，有风景、花草、动物、飞禽、典故、事物、人物、人体等等。有的以粗犷奔放见长，有的以精细秀美取胜，有的以质朴古拙著称。很多藏书票撷取我国民间的剪纸、皮影、面塑、蜡染、刺绣等作品的精华，富有中国艺术情趣。不少作品则借鉴中国传统的书法、篆刻艺术，巧妙地揉进现代意识，使之散发出强烈的时代气息，折射出我国的民族意识与审美观念。当然，在看到中国藏书票的长处和特色之余，我们还应认识到，与国际优秀的藏书票创作相比，中国很多藏书票创作往往技法单一、构图草率、画面粗糙、制作质量不高，用纸用色也不够讲究，文字处理也缺少美感和独创性。除了设计，我们在工具上所承载的技能也明显存在不少局限性，艺术效果的差距就显而易见了。还有，原来本属纯粹的私密的实用小众艺术，也同样不可避免地越来越多受到市场经济的影响。这些问题，都需要花大力气来改变。我们在普及的同时，还应倡导精品意识，发掘艺术人才，努力提高中国当代藏书票艺术的设计与制作水平，迎接中国藏书票艺术发展的又一个春天。

结　语

藏书票从纹章烙印到电脑制作，已有五百多年的历史，回顾它的发展历程，也正是对西方版画和印刷技术发展的历史观照。为什么一张小小的藏书票会被那么多爱书人、版画家、收藏家注目？因为一张藏书票便是一幅微型版画，它包含藏书者的情操与修养、人生追求，以及对大千世界的洞察与认识。藏书票作者将个人的感情和历史的语境融入自画、自刻、自印的艰苦创作过程，所以每位设计者的风格各异，藏书票的内涵也丰富多彩，具有实用性与高品位的艺术价值。对中外读书人来说，某种情感托起了他们对藏书票的热爱，那就是人类对知识的崇拜。回顾中国藏书票的历史，虽然其经历实用阶段的时间很短，当时的使用者也寥寥无几，但当代中国藏书票艺术，在中国藏书票研究会的组织推动下，经过30余年的努力，已经在中国实现了繁荣，走向了世界，并取得了举世瞩目的成绩。第32届国际藏书票联合会会议暨国际藏书票双年展于2008年在中国北京的中华世纪坛世界艺术馆成功举办。全国藏书票双年展和全国藏书票暨小版画艺术展，也已经成功举办16届。数千人的藏书票创作队伍，数以万计的作品，频频参加国内和国际藏书票艺术大展，越来越多的藏书票艺术新秀，不断以作品精、创意新的姿态，取得国内和国际藏书票艺术大奖。藏书票的收藏队伍和市场也已经逐步形成和建立，有志于藏书票收藏和市场拓展的有识之士，在多年的探索后终于走上了一条阳光大道。他们现在已经有能力开拓市场，组织大型国内国际展览和比赛，筹建藏书票艺术馆，等等。种种迹象表明，藏书票很小，但藏书票世界很大，我们深信中国藏书票艺术和事业未来将会更加辉煌灿烂。

鉴赏篇

中外藏书票图录

欧
美
藏
书
票

票主：佚名

作者：佚名

技法：C2。这款藏书票只是家族纹章图案，没有任何文字。这种纹章
藏书票使用的时间比较长，到 19 世纪中期都可以看到，存世量较多。

尺寸：60mm×38mm

年代：约 17 世纪

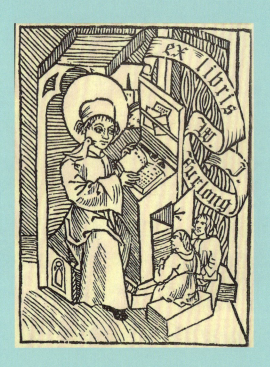

票主：W.J. 弗朗（W.J.Furlong）

作者：佚名

技法：X1。德国早期木刻藏书票，款式应属于图画藏书票。

尺寸：97mm×73mm

年代：约 17 世纪

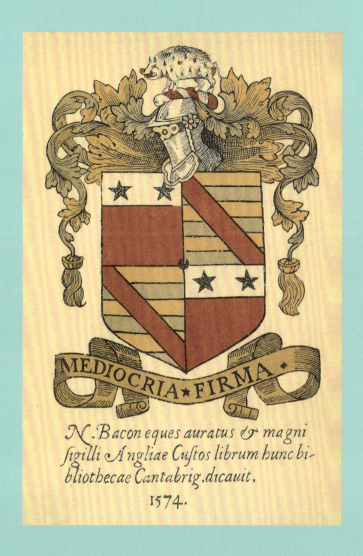

MEDIOCRIA ★ FIRMA

N. Bacon eques auratus & magni
sigilli Angliae Custos librum hunc bi-
bliothecae Cantabrig, dicauit.
1574.

票主：尼古拉·培根爵士（Sir Nicolas Bacon，1509—1579）。他是伊丽莎白女王一世的掌玺大臣，曾在剑桥大学攻读法律。他是英国大名鼎鼎的哲学家和科学家，是弗兰西斯·培根（Francis Bacon，1561—1626）的父亲。此藏书票为尼古拉·培根在1574年捐赠给剑桥大学图书馆的一批图书上所用。

作者：里格斯（W. Riggs）

技法：P7/3。这款藏书票并不是1574年原作，而是由英国人里格斯在1892年按照原作用平版（lithograph）三色套印的复制品，款式应属于都铎王朝式。

尺寸：150mm×88mm

年代：1574/1892年

票主：乔治·格林希尔（George Grenville，1712—1770），曾经担任过英国首相（1763—1765）。

作者：佚名

技法：C2。款式属于卡洛琳式的纹章藏书票。

尺寸：80mm × 80mm

年代：18 世纪中叶

票主：撒母耳·佩皮斯，英国日记体作家、英国皇家海军创建人之一。

作者：怀特（Robert White），英国铜版雕刻家。

技法：C2。款式属于图画藏书票。怀特为佩皮斯做过两款肖像藏书票，
这是其中一款。

尺寸：118mm×80mm

年代：1680 年前后

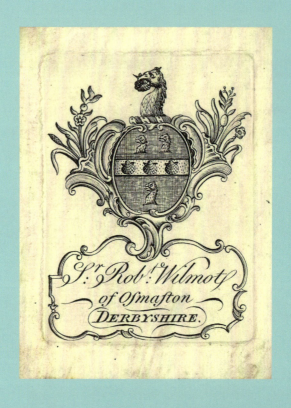

票主：罗布·威尔莫特（Rob Wilmot）

作者：佚名

技法：C2。款式为早期纹章式藏书票的一种。

尺寸：83mm×63mm

年代：1700 年前后

票主：托梅·格莱特（Thomae Gueulette，1683—1766），18
世纪法国著名的小说家和剧作家。

作者：H. 贝卡（H. Becat）

技法：C2。款式属于纹章和图画相结合的藏书票。

尺寸：123mm×72mm

年代：1740 年前后

票主：佚名

作者：佚名

技法：C2。款式属于早期英国式纹章藏书票。

尺寸：84mm×68mm

年代：1712 年

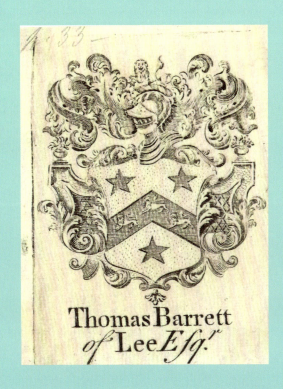

票主：托马斯·巴雷特（Thomas Barrett）

作者：佚名

技法：C2。款式属于雅各式纹章藏书票。

尺寸：80mm × 60mm

年代：1750 年前后

票主：威廉·阿博特（William Abbot），剑桥
大学神学院主教。

作者：佚名

技法：C2。款式属于奇彭代尔式纹章藏书票。
下方绶带的拉丁文格言 "Nec Temere Nec
Timide"，中文意思大体是 "不可轻率也不可
怯懦"。

尺寸：88mm×64mm

年代：1770 年前后

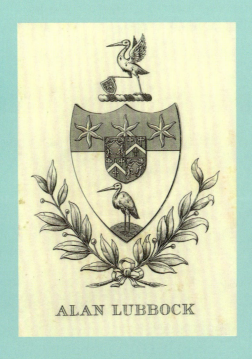

ALAN LUBBOCK

票主：艾伦·拉伯克（Alan Lubbock）

作者：佚名

技法：C2。款式属于丝带和花圈式纹章藏书票。

尺寸：77mm×65mm

年代：1780 年前后

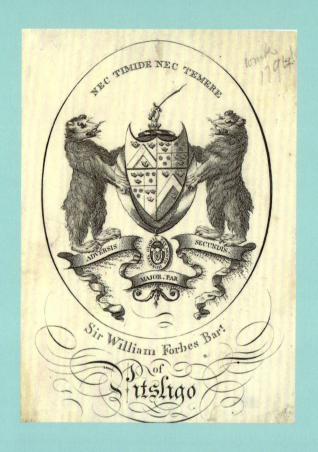

票主：威廉·福布斯爵士（Sir William Forbes，1773—1838），英格兰银行家。

作者：佚名

技法：C2。款式属于早期英国式与丝带和花圈式的混合。

尺寸：77mm×65mm

年代：1780 年前后

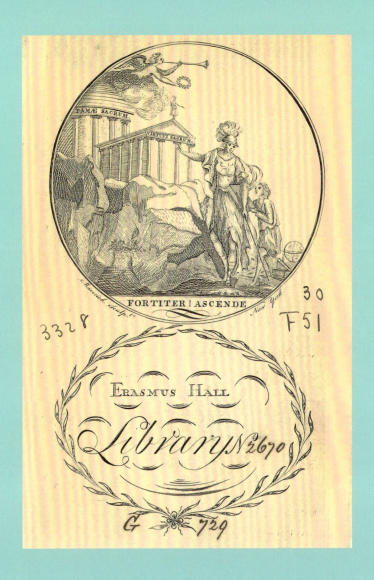

票主：伊拉斯谟礼堂图书馆（Erasmus Hall Library）。美国为
纪念欧洲最重要的基督教人文主义学者德西迪里厄斯·伊拉斯
谟（Desiderius Erasmus，1466—1536），1786 年在纽约建
造了伊拉斯谟礼堂，次年招收学生接受高中教育，该学校后来
成为闻名遐迩的伊拉斯谟礼堂高级中学（Erasmus Hall High
School）。

作者：佚名

技法：C2

尺寸：150mm×85mm

年代：1786 年

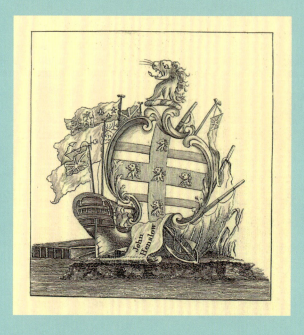

票主：约翰·亨斯洛爵士（Sir John Henslow，1730—1815），
英国皇家海军的首席测量官。拿破仑战争时期，他负责海上
舰船设计，所以藏书票设计元素除了纹章，还有船和铁锚。

作者：佚名

技法：C2

尺寸：79mm×74mm

年代：1798 年

票主：威廉·泰勒（William Taylor，1761—1825）。从票面设计中有一支墨丘利节杖和篝火图案分析，票主应该是位商人和旅行家。

作者：托马斯·毕维克（Thomas Bewick，1753—1828），英国雕刻家和自然史作家。毕维克不仅是木口木刻版画之父，而且是风景画（landscape）藏书票的先驱。

技法：X2

尺寸：87mm×95mm

年代：1807 年

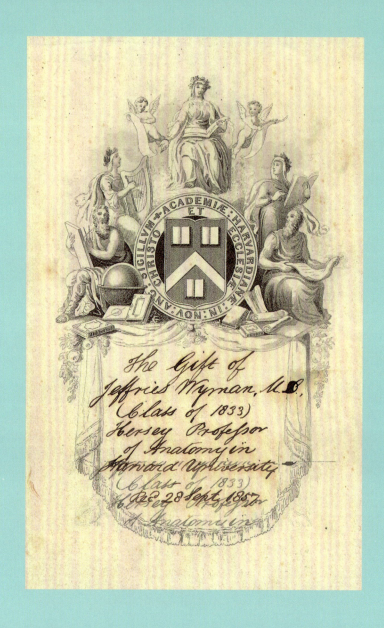

票主：哈佛学院图书馆

作者：H. 比林斯（H. Billings）

技法：C2

尺寸：131mm × 80mm

年代：1857 年

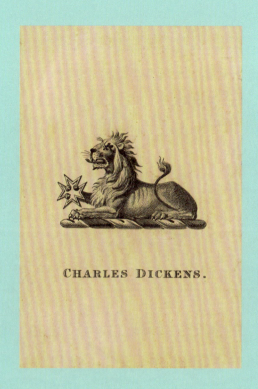

票主：查尔斯·狄更斯（Charles Dickens，
1812—1870），19 世纪英国著名作家。
作者：约翰·奥弗斯（John Overs），根据
狄更斯的家族纹章设计。
技法：C2
尺寸：40mm×45mm
年代：1850 年前后

票主：约翰·伯恩·莱斯特·华伦男爵（John Byrne Leiceter Warren，1835—1895）。他是生活于曼彻斯特郡的英国诗人，从藏书票的设计元素中可以看出票主有地道的英国贵族血统。

作者：查尔斯·威廉·舍邦（Charles William Sherborn，1831—1912），英国维多利亚时期著名版画家、藏书票大师、肖像画家，19世纪后叶因英国伦敦的政要、名流、学者纷纷委托他制作肖像铜版画而名重一时。

技法：C1

尺寸：78mm×62mm

年代：1888年

票主：布里奇沃特图书馆。布里奇沃特实业在布
里奇沃特公爵三世弗朗西斯·埃杰顿（Francis
Egerton, 3rd Duke of Bridgewater, 1736—
1803）时期奠下了基础。埃杰顿是英国内河航运事
业的创始人。现在布里奇沃特已经成为一个品牌，
从文化教育、饭店旅游到生活奢侈品，布里奇沃特
机构遍布全球。

作者：舍邦

技法：C2

尺寸：118mm×88mm

年代：1898 年

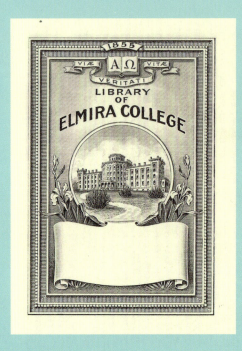

票主：埃尔迈拉大学图书馆。美国纽约的埃
尔迈拉大学（Elmira College）创建于 1855
年，是美国最早的女子大学之一，1969 年
开始招收男生。

作者：佚名

技法：C2。这是学校图书馆专门为图书捐
赠者准备的通用藏书票，捐赠者随时可将姓
名和捐赠时间印在藏书票下方的空白处，贴
在所捐赠的图书上。

尺寸：88mm×59mm

年代：1855 年

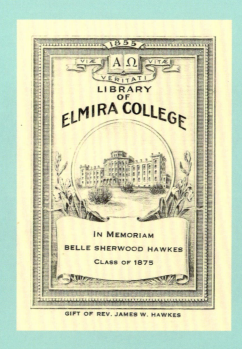

票主：埃尔迈拉大学图书馆。这是一款已
经在 1855 年启用的同一版式的埃尔迈拉
大学图书馆藏书票，空白处打印的是纪念
某某人，藏书票下方表明为詹姆斯·W.
霍克斯（James W. Hawkes）牧师捐赠。

作者：佚名

技法：C2

尺寸：88mm×59mm

年代：1875 年

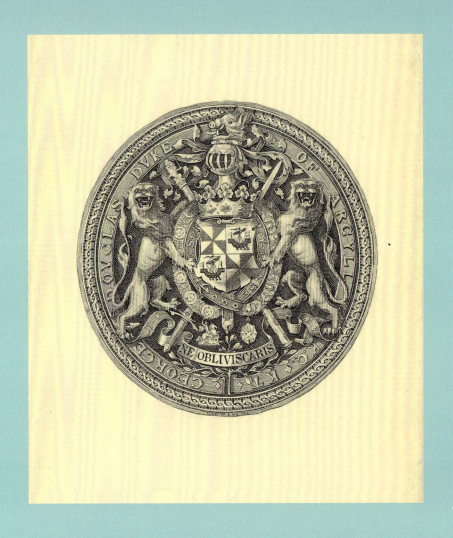

票主：乔治·道格拉斯·坎贝尔，阿盖尔公爵八世（George Douglas Campbell，8th Duke of Argyll，1823—1900）。他是苏格兰贵族，英国政治家，也是一位科学家，曾任英国皇家学会院士。阿盖尔公爵为英国世袭贵族，是英国女王在苏格兰的代表之一，是苏格兰历史上拥有重要地位的坎贝尔部落的首领，领导着全球 300 多万坎贝尔人，并负责管理家族财产。坎贝尔家族的生意包括地产、旅游、森林、矿产资源、城堡等。已有 260 多年历史的苏格兰阿盖尔城堡（因弗雷里城堡，Inveraray Castle）是公爵家族的祖居，也是有名的旅游胜地。

作者：乔治·W. 伊芙（George W. Eve，1855—1914），比利时铜版雕刻家。

技法：C1

尺寸：90mm×90mm

年代：1893 年

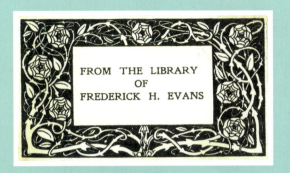

票主: 票主: 弗雷德里克·亨利·埃文斯（Frederick
Henry Evans，1853—1943）。他是英国著名摄
影艺术家，也是埃文斯书店老板。他是比亚兹莱
作品的早期收藏者，为比亚兹莱留下了多幅精彩
的肖像摄影传世。

作者: 奥伯利·比亚兹莱（Aubrey Beardsley，
1872—1898），英国拉斐尔前派著名画家，黑白
装饰艺术家。他是鲁迅推展新兴木刻运动时期引
进推介的重要艺术家之一。这款藏书票的装饰图
案与他插图作品的经典装饰如出一辙。

技法: X5

尺寸: 42mm×76mm

年代: 1894 年前后

票主：马克西姆·高尔基（Maxim Gorky，1868—1936）。高尔
基是中国读书人极为熟悉的苏联著名作家、诗人、评论家、政论
家和学者。

作者：以法莲·摩西·利连（Ephraim Moses Lilien，1874—
1925），以色列著名插画家和版画家，犹太复国主义艺术家。

技法：C3

尺寸：117mm×79mm

年代：1902 年

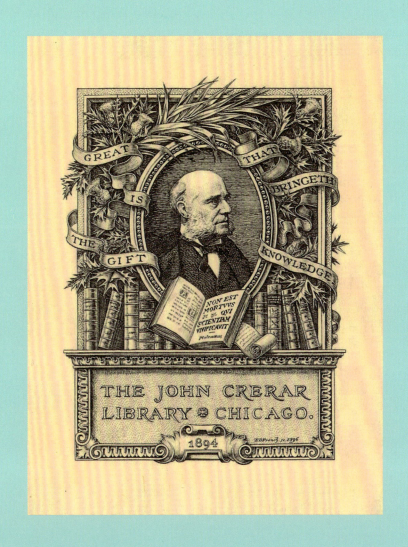

票主：约翰·科雷拉尔图书馆。这是一座由美国芝加哥的实业家约翰·科雷拉尔（John Crerar，1827—1889）用所筹善款于1895年兴建的教会图书馆。

作者：埃德温·戴维斯·弗伦奇（Edwin Davis French，1851—1906），美国藏书票黄金时期公认的五位藏书票设计大师之一。

技法：C2

尺寸：110mm×90mm

年代：1896年

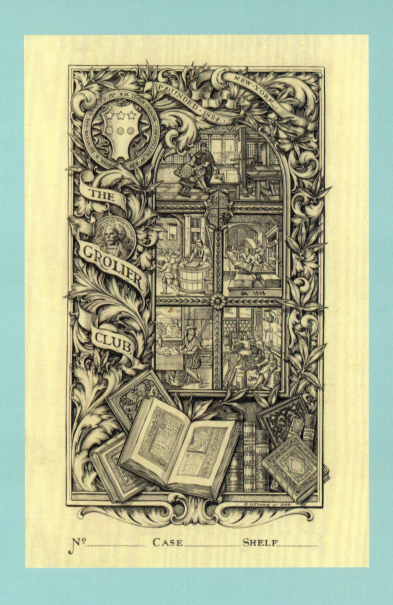

票主：克罗里埃俱乐部（The Grolier Club）。这是一家美国纽约的
藏书家私人俱乐部，创立于 1884 年，俱乐部图书馆的馆藏丰富，
以收藏西方关于图书历史的古籍文献著称。

作者：弗伦奇

技法：C2

尺寸：140mm × 79mm

年代：1894 年

票主：哈佛大学图书馆（Harvard College Library）。这是为纪念普
鲁士亨利亲王的访问而特制的藏书票。

作者：弗伦奇

技法：C2

尺寸：155mm×96mm

年代：1904 年

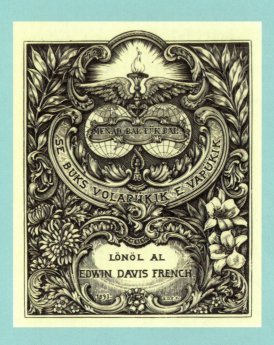

票主：弗伦奇。此为作者自用藏书票。

作者：弗伦奇

技法：C1

尺寸：90mm×64mm

年代：1893 年

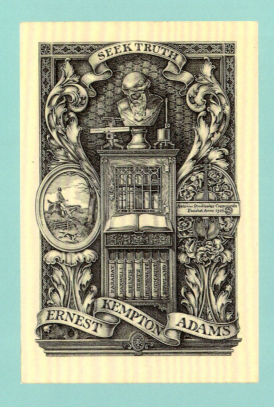

票主：欧内斯特·肯普顿·亚当斯（Ernest
Kempton Adams），美国物理学家。藏书票
顶端绶带上的格言"求真务实"，很符合票
主的职业。

作者：弗伦奇

技法：C2

尺寸：80mm×56mm

年代：1902 年

票主：班戈公共图书馆（Bangor Public Library），美国缅因州最大的图书资料研究和参考中心。这是该馆为收藏技工协会藏书制作的专用藏书票。藏书票上智慧女神手持的盾牌是技工协会的徽章，图案是工具和产品。

作者：西德尼·劳顿·史密斯（Sidney Lawton Smith，1845—1929），美国藏书票黄金时期公认的五位藏书票设计大师之一。

技法：C2

尺寸：63mm×90mm

年代：1883 年

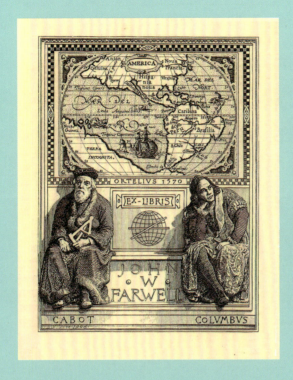

票主：约翰・W. 法威尔（John W. Farwell），美

国著名的地图收藏家。

作者：史密斯

技法：C2

尺寸：88mm×68mm

年代：1908 年

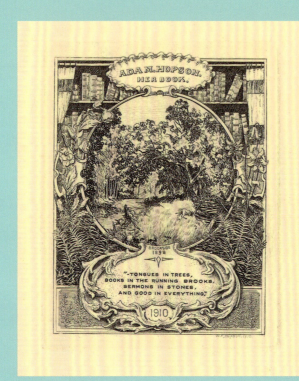

票主：亚当·梅佩尔·霍普森（Ada Maple Hopson），
作者威廉·福勒·霍普森的妻子。
作者：威廉·福勒·霍普森（William Fowler Hopson，
1849—1935），美国藏书票黄金时期公认的五位藏书票
设计大师之一。霍普森为其妻做过两款藏书票，这是其
中一款。
技法：C3
尺寸：83mm×65mm
年代：1910 年

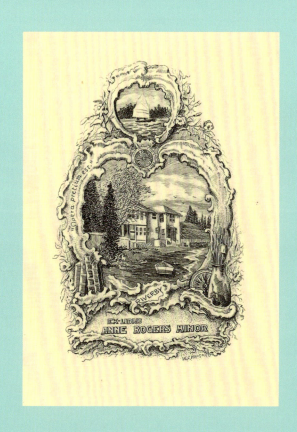

票主：安妮·罗杰斯·迈纳（Anne Rogers Minor，
1864—1947），美国画家，以画风景见长。
作者：霍普森
技法：C3
尺寸：84mm×55mm
年代：1911 年

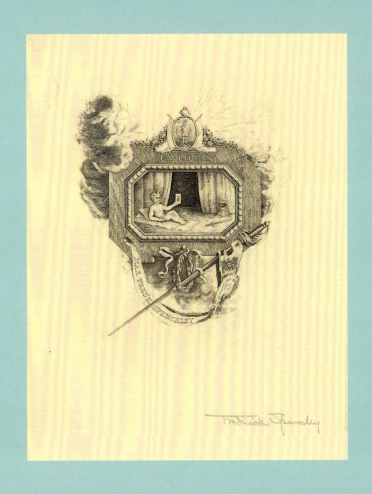

票主：弗雷德里克·斯潘塞利（Frederick Spenceley，1872—1947），
美国藏书票黄金时期的代表性作家。此为作者自用藏书票
作者：弗雷德里克·斯潘塞利
技法：C2
尺寸：75mm×55mm
年代：1919 年

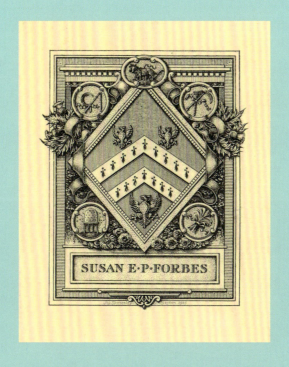

票主：苏珊·E. P. 福布斯（Susan E. P. Forbes）
作者：约瑟夫·温弗雷德·斯潘塞利（Joseph Winfred Spenceley，1865—1908），美国藏书票黄金时期公认的五大藏书票设计大师之一。
技法：C2
尺寸：73mm×59mm
年代：1905 年

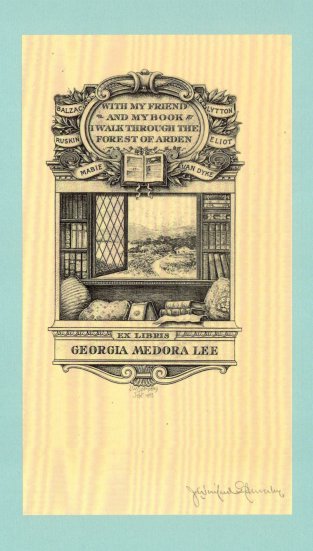

票主：格鲁吉亚·米多拉·利（Georgia Medora Lee）

作者：斯潘塞利。这款是作者签名票。

技法：C2

尺寸：87mm×53mm

年代：1903 年

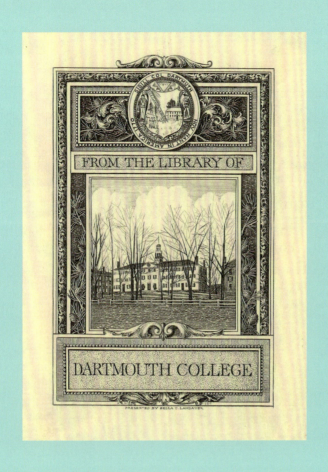

票主：达特茅斯学院（Dartmouth College）图书馆。成立于 1769 年的达特茅斯学院是闻名遐迩的美国常春藤盟校之一，学院创办人是依利扎·维洛克牧师，当初成立这个学校是为了培养当地印第安部落的年轻人和年轻白人。学院在前两百年中只收男生，直到 1972 年才改为男女合校，是常春藤盟校中最晚接纳女生的一所。

作者：亚瑟·纳尔逊·麦克唐纳（Arthur Nelson Macdonald，1871—1940），美国藏书票黄金时期公认的五大藏书票设计大师之一。

技法：C2

尺寸：105mm×68mm

年代：1928 年

票主：威廉·霍华德·塔夫脱（William Howard Taft，1857—1930），
美国第 27 届（1909—1913）总统。这张藏书票的制作时间正是塔夫脱
春风得意当选总统的第一年。

作者：弗雷德里克·斯潘塞利（Frederick Spenceley），是美国藏书票
黄金时期的代表性作家。

技法：C2

尺寸：57mm×72mm

年代：1909 年

票主：弗朗西斯·马利昂·克劳福德（Francis
Marion Crawford，1854—1909），美国作家。
作者：亨利·布罗克曼（Henry Brokman，
1868—1933），丹麦著名风景画家。
技法：C3
尺寸：113mm×67mm
年代：1890 年前后

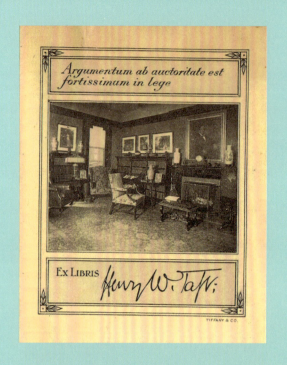

票主：亨利·沃特斯·塔夫脱（Henry Waters Taft，1859—1945），美国第27届总统塔夫脱的胞弟。他是美国纽约上诉法院法官，两届共和党全国委员会代表。藏书票的图案是票主宽敞的书房，藏书票委托蒂芙尼公司用当时比较先进的照相凹版技术制作。

作者：蒂芙尼公司。该公司早先主营文具，后转为经营珠宝首饰，并发展成为誉满全球的奢侈品知名品牌。

技法：P3

尺寸：71mm×43mm

年代：1928年

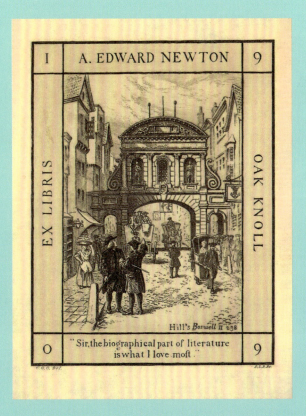

票主：艾尔弗雷德·爱德华·纽顿（Alfred Edward Newton，1860—1940），著名的美国藏书家。这款藏书票在 1918 年作为纽顿成名作《聚书的乐趣》一书的封面用图。

作者：史密斯

技法：C2

尺寸：88mm×67mm

年代：1909 年

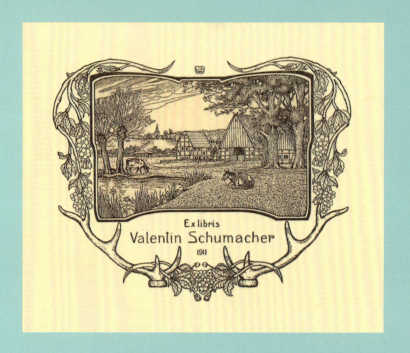

Ex libris
Valentin Schumacher
1911

票主：瓦伦丁·舒马赫（Valentin Schumacher）

作者：W·埃林豪森（Willy Ehringhausen），德国版画家。

技法：C3

尺寸：70mm×90mm

年代：1911 年

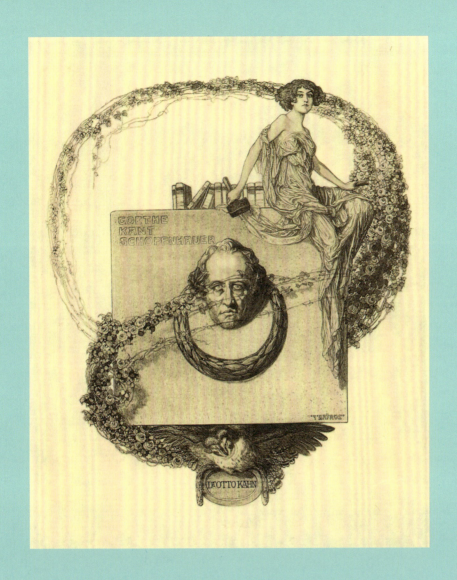

票主：奥多·卡恩博士（Dr. Otto Kahn，1867—1934）。他是出生于德国的美国华尔街银行大亨，是美国首屈一指的铁路投资家、艺术赞助人，还是美国大都会歌剧院创建人。

作者：弗朗茨·冯·拜劳斯（Franz von Bayros，1866—1924），奥地利著名版画家和插画家，洛可可风格艺术家。

技法：P3

尺寸：130mm×110mm

年代：1916 年

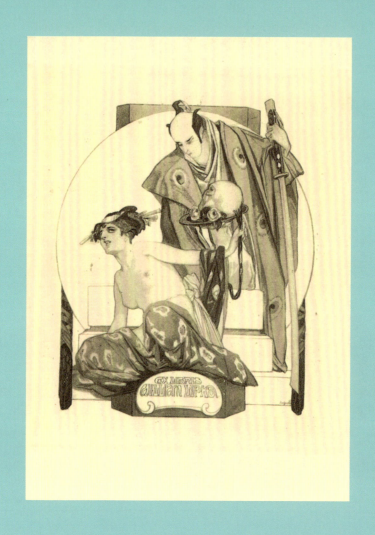

票主：威廉·利普卡（William Lipka）

作者：冯·拜劳斯

技法：P3

尺寸：90mm×73mm

年代：1916年

EX BIBLIOTHEKA HEINRICH SCHWARZ

票主：海因里希·施瓦茨（Heinrich Schwarz）

作者：冯·拜劳斯

技法：P3

尺寸：125mm×105mm

年代：1912 年

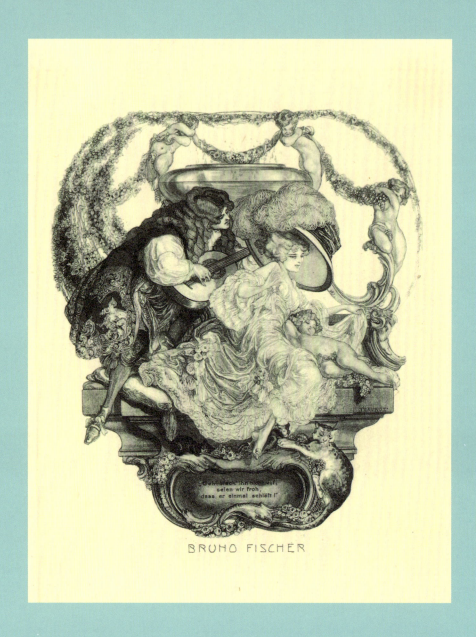

票主：布鲁诺·菲舍尔（Bruno Fischer）

作者：冯·拜劳斯

技法：P3

尺寸：126mm×110mm

年代：1916 年

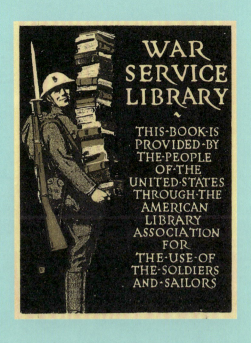

票主：美国军人藏书票。这是美国国家图书馆协会在第一次世界大战时期，为美国参战军人征集送往前线的图书上贴用的藏书票。

作者：查尔斯·巴克利斯·福尔斯（Charles Buckles Falls，1874—1960），美国版画家、海报招贴设计家。他是鲁迅推展新兴木刻运动时期引进介绍过的木刻艺术家之一。

技法：P5

尺寸：77mm×58mm

年代：1917 年

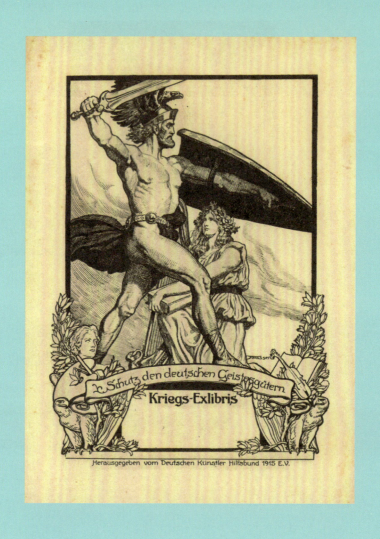

票主：一战时期德国军人藏书票

作者：弗朗茨·斯坦森（Franz Stassen，1869—1949），德国插画家、海报招贴设计家。

技法：C3

尺寸：105mm×80mm

年代：1913 年

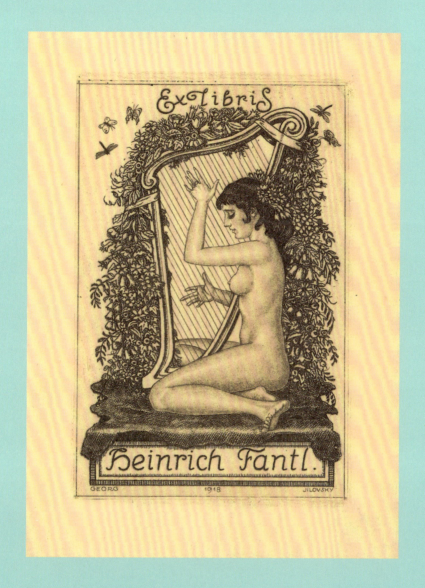

票主：海因里希·范特尔（Heinrich Fantl）
作者：格奥尔格·伊洛夫斯基（Georg Jilovsky，1884—1958），
捷克版画家、藏书票艺术家。
技法：C3
尺寸：122mm×81mm
年代：1918 年

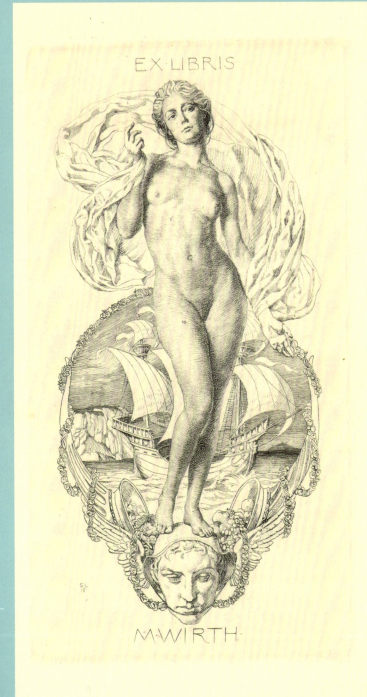

票主：M. 沃斯（M. Wirth），
慕尼黑商人。
作者：西格蒙德·利平斯基
（Sigmund Lipinsky，1873—
1940），德国画家。
技法：C3
尺寸：170mm×80mm
年代：1918 年

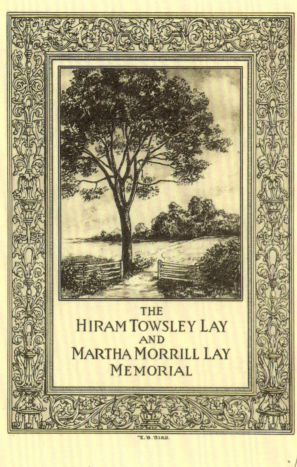

票主：海勒姆·托斯利·雷（Hiram Towsley Lay）和玛莎·莫里尔·雷
（Martha Morrill Lay）

作者：伊莱莎·布朗·伯德（Elisha Brown Bird，1867—1943），美国
著名的海报、平面装潢和书籍装帧设计家，也是美国藏书票黄金时期
的代表性作家。作者签名票。

技法：C3

尺寸：113mm×78mm

年代：1910 年前后

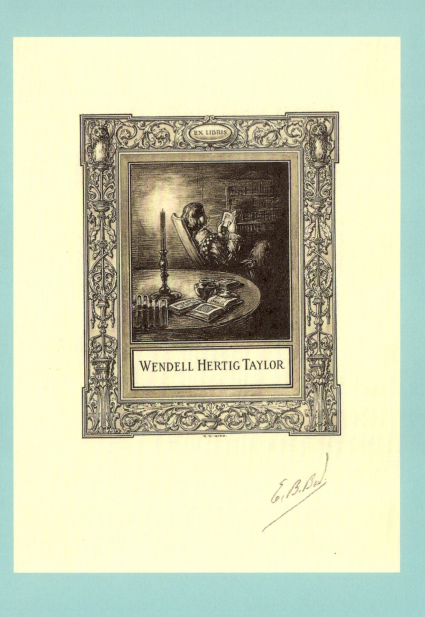

票主：温德尔·赫蒂希·泰勒（Wendell Hertig Taylor）
作者：伯德。作者签名票。
技法：C3
尺寸：91mm×72mm
年代：1910 年前后

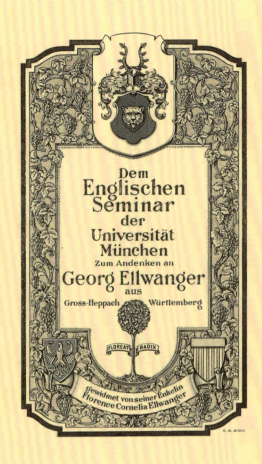

票主：慕尼黑大学英语系

作者：伯德。作者签名票。

技法：C3

尺寸：108mm×62mm

年代：1910 年前后

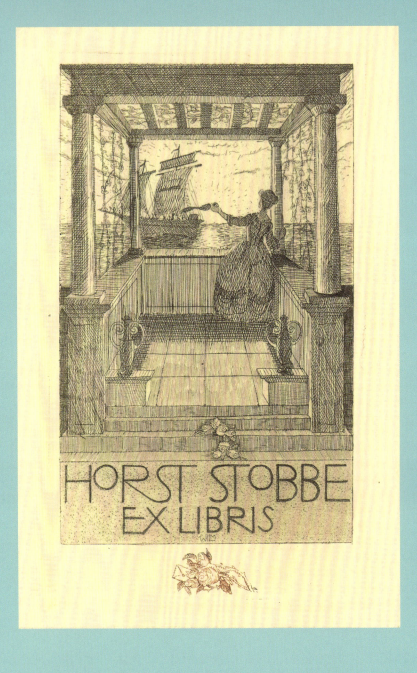

票主：霍斯特·斯托布（Horst Stobbe）

作者：休伯特·维尔姆（Hubert Wilm，1887—1953），德国版画藏书票艺术家。

技法：C3

尺寸：155mm×88mm

年代：1923 年

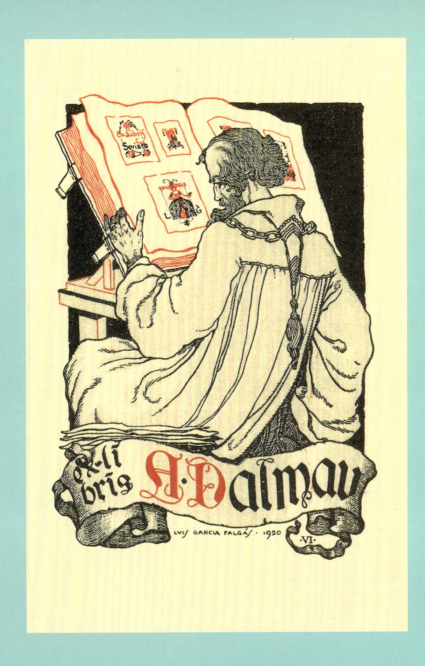

票主：A. 达尔莫（A. Dalmau），法国藏书票收藏家。该票表现票主欣赏藏书
票收藏册的情况。

作者：路易斯·加西亚·法尔加斯（Louis Garcia Falgas，1881—1954），
法国版画藏书票艺术家。

技法：C3/2

尺寸：130mm×96mm

年代：1920 年

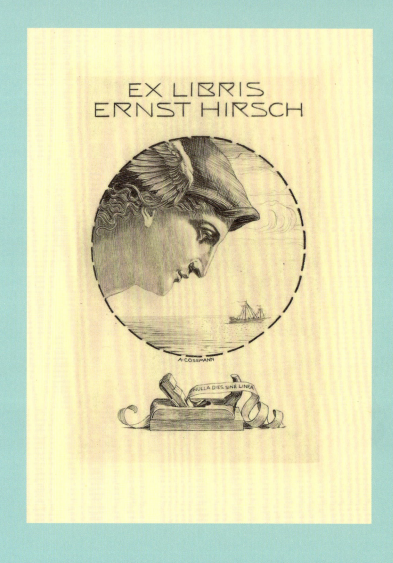

票主：恩斯特·赫希（Ernst Hirsch）

作者：阿尔弗雷德·科斯曼（Alfred Cossmann，1870—1951），奥地利版画家。科斯曼是最早把铜版雕刻（C2）和蚀刻（C3）结合使用的艺术家。

技法：C2+C3

尺寸：90mm×70mm

年代：1926 年

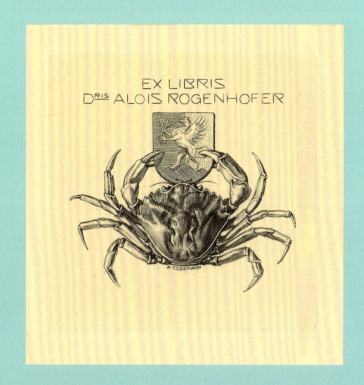

票主：阿洛伊斯·罗根霍夫（Alois Rogenhofer，1878—？），
维也纳大学图书馆馆长。

作者：科斯曼

技法：C2+C3

尺寸：65mm×73mm

年代：1927 年

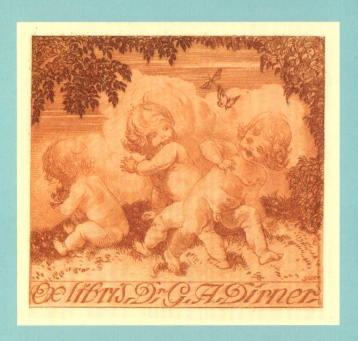

票主：A. 迪尔纳（A. Dirner）

作者：阿尔弗雷德·瑟德尔（Alfred Soder，1880—1957），瑞士籍

德国艺术家。他以表现儿童题材的藏书票见长。

技法：C3

尺寸：70mm×80mm

年代：1911年

票主：罗伯特·朗拜因（Robert Langbein）。作者自用藏书票。

作者：罗伯特·朗拜因，德国版画艺术家。

技法：C3

尺寸：138mm×80mm

年代：1913 年

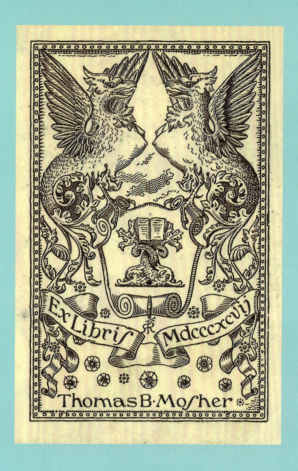

票主：托马斯·B. 莫舍（Thomas B. Mosher，1852—1923）。19 世纪后期美国著名出版家。

作者：弗兰克·R. 拉思本（Frank R. Rathbun），美国缅因州的艺术家。

技法：P7

尺寸：102mm×66mm

年代：1910 年

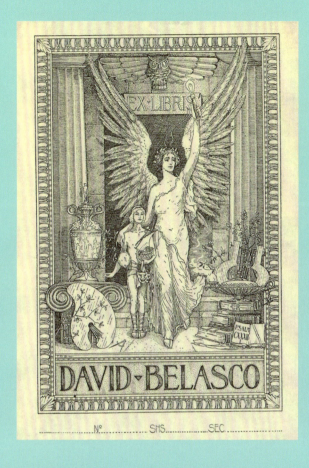

票主：戴维·贝拉斯科（David Belasco，1858—1931），美国著名剧场经理人，舞台剧导演和制作人，剧作家和剧场舞台效果创建人。

作者：Psalt

技法：P7

尺寸：105mm×67mm

年代：1907 年

票主：弗莱西希（V. Fleissig），捷克藏书票艺术家。

作者：斯坦尼斯拉夫·库尔哈内克（Stanislav Kulhánek，1885—
1970），捷克版画家。

技法：C2

尺寸：79mm×73mm

年代：1918 年

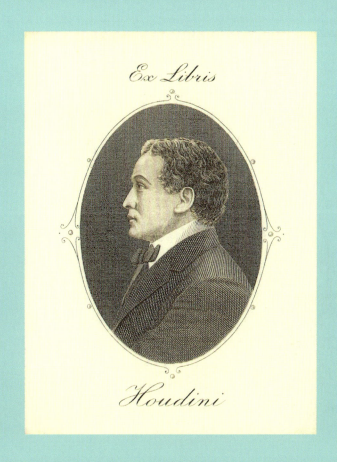

票主：哈里·霍迪尼（Harry Houdini，1874—1926），
20 世纪初风靡整个世界的美国魔术大师。画面为票主霍
迪尼的肖像。

作者：佚名

技法：C1

尺寸：90mm×60mm

年代：1911 年

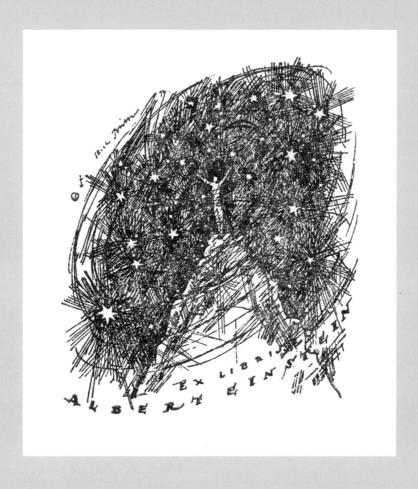

票主：阿尔伯特·爱因斯坦（Albert Einstein，1879—1955），犹太裔
理论物理学家，创立"相对论"的现代物理学之父，因发现光电效应获
得 1921 年诺贝尔物理学奖。

作者：埃里希·巴特纳（Erich Büttner，1889—1936），德国著名的表
现主义画家、版画家、插画家和书籍装帧设计师。

技法：C3

尺寸：83mm×80mm

年代：1917 年

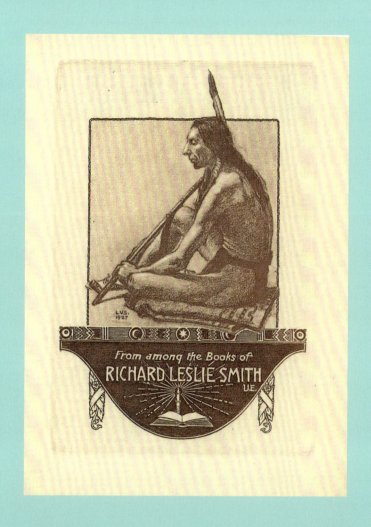

票主：理查德·莱斯利·史密斯（Richard Leslie Smith）

作者：莱斯利·维克多·史密斯（Leslie Victor Smith，
1879—？），加拿大版画藏书票艺术家。

技法：C3

尺寸：97mm×67mm

年代：1927 年

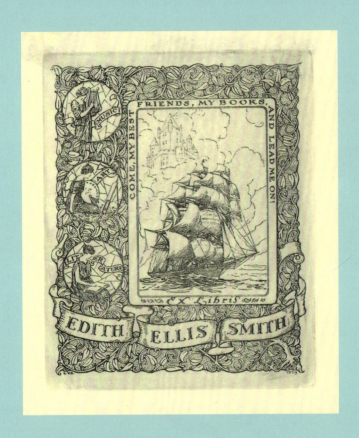

票主：伊迪丝·埃利斯·史密斯（Edith Ellis Smith）

作者：莱斯利·维克多·史密斯

技法：C3

尺寸：90mm×77mm

年代：1929 年

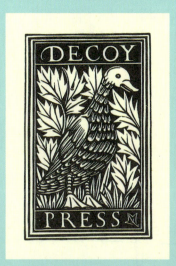

票主：迪科伊出版社（Decoy Press）

作者：艾立克·吉尔（Eric Gill, 1862—1940），英国最负盛名的木刻艺术大师。

技法：X2

尺寸：60mm×39mm

年代：1927 年

票主：路易斯·昂特迈耶（Louisa Untermeyer，1885—1977），美国诗人、批评家和文学编辑。

作者：罗克韦尔·肯特（Rockwell Kent，1882—1971），美国著名画家、版画家、插画家和作家。

技法：X4

尺寸：44mm×32mm

年代：1937 年

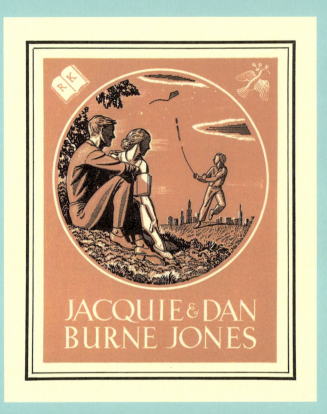

JACQUIE & DAN
BURNE JONES

票主：雅基耶和丹·伯恩·琼斯（Jacquie & Dan Burne Jones），
肯特忠实的拥趸者，著名的藏书票艺术家和收藏家。

作者：肯特。作品有粉色、黄色、灰色三个版本。

技法：X5/2

尺寸：98mm×82mm

年代：1956 年

票主：玛格丽特·利奇（Margaret Leech，1893—1974）和拉尔夫·普利策（Ralph Pulitzer，1879—1939）。拉尔夫·普利策是美国报人，为报业巨头普利策新闻奖创办人约瑟夫·普利策（Joseph Pulitzer，1847—1911）的儿子，玛格丽特·利奇是美国作家和史学家，是小普利策的第二任妻子。两人于1928年结婚，合做一款新的藏书票以示纪念。

作者：肯特

技法：X5

尺寸：107mm×87mm

年代：1928年

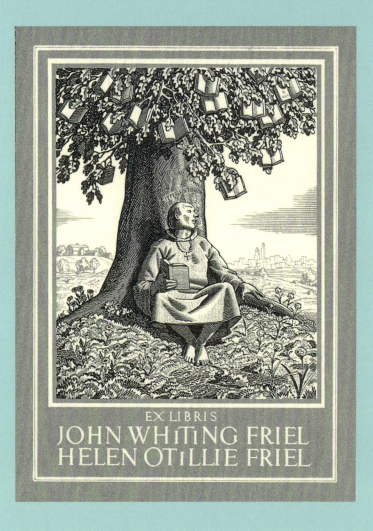

EX LIBRIS
JOHN WHiTiNG FRIEL
HELEN OTiLLIE FRIEL

票主：约翰·怀廷·弗里尔（John Whiting Friel）和夫人海伦·奥蒂莉·弗里尔（Helen Otillie Friel）。弗里尔是美国钢铁工业大亨，其夫妇二人是出了名的藏书家。这款夫妻藏书票描述了一个赤脚的神甫坐在挂满了书的树下，背景是两位票主的家园，其中蕴含着他们生活的私密情趣。

作者：肯特

技法：C3

尺寸：127mm×95mm（有小、中、大和特大四个尺寸，此为"中"）

年代：1953 年

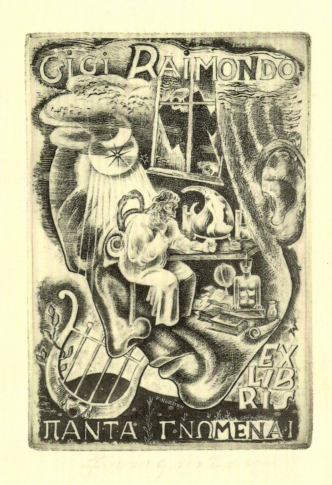

票主：吉吉·雷蒙多（Gigi Raimondo）

作者：米歇尔·芬格斯坦（Michel Fingesten，1884—1943），奥地利
犹太裔艺术家。一生创作 1500 余款藏书票，收藏者不乏名人政要，在
藏书票界的艺术地位史无前例。但这位命运多舛的艺术家，最后还是惨
死在纳粹的集中营中。

技法：C3

尺寸：120mm×85mm

年代：1940 年

建议用非酸性纸张，例如可以用安徽产的夹宣，这样可以延缓老书票的老化。

3. 对有些背面有粘贴过的痕迹和污迹的老旧藏书票，或者是贴在旧书上的藏书票，不要打算去清洗干净或揭下来。因为这些都是老藏书票历史积淀的自然见证，有的可能还会是鉴定一枚藏书票历史的重要依据。特别是贴在旧书上的藏书票，属于藏书票的原生态，不要轻易将之破坏。

4. 如果要展示这些新老藏书票，那么不要直接镶装镜框，而要封在薄膜袋里再固定装框展示，这样比较安全。

5. 藏书票的收藏夹可以用在文具商店购买的透明资料册或透明活页册（规格 A4、B5 和 A5），可根据藏书票的大小选择使用。在已套入藏书票的集邮薄膜袋的背面贴上双面胶，分别固定在 A4、B5 和 A5 底纸上，一张底纸两面各贴一枚，再插入透明插页。有条件的，可以在底纸上先印上设计好的可以填写藏书票相关信息的栏目和定位网格等。一页资料袋可以装 2 张固定好藏书票的底版。一本 A4×30 的资料册可以收藏 60 枚藏书票，这样更便于收藏、整理、归类、欣赏。要求高一点的，可以选择相应大小的插页相册，或者定制皮面精装收藏夹，这样排列在书架上更显档次。

6. 不主张用硬纸镶嵌或全封闭方式保存，因为纸质的藏书票会因气候干湿而自然伸缩，应该让它留有伸缩变化的空间。如果封得死死的，时间久了，藏书票肯定会不平帖，特别是上百年的老书票，可能还会产生纸张开裂的情况。何况，封死了也不便于鉴定、欣赏、展览、交换和流通。

四、藏书票分类整理

1. 藏书票的分类整理，没有统一的标准，完全可以按照藏家的喜好来，比如可按国别、作者、题材、制作技法、新旧和年代等来分类。

2. 按照专题收藏的分类，各取所需。如以名人名家、书房、历史人文、音乐、宗教故事、神话、读书爱书等等为收藏主题。

3. 分别在收藏册上做好统一的标签，标注相应的分类。同一类别不止一本，则加注编号，然后像书一样放在书柜里或书架上保存。

4. 不管是老书票还是新书票，平时一定要注意收集相关的背景资料，包括作者、票主、技法、尺寸、纸张、价格、收藏渠道和著录情况等等。要做好文字记录，做好分门别类与编号，配上图片，做成电子文档，将之保存在计算机上，以备自己研究、写作和交流、交换等时使用。

五、确定藏书票价格的因素

藏书票不同于邮票，没有面值，所以价格确定完全靠市场的供求关系和约定俗成。

1. 现当代藏书票的价格，一般取决于作者知名度的大小、藏书票制作的难易或精致程度、制作数量的多少、制作时间的先后、是否参展乃至获奖，以及票主的知名度等。近30年以来的新书票除了要考虑上述条件，还要考虑制作规范，且不能少了艺术家的签名和规定的标注。

2. 老书票或古董书票的价格的确定要复杂得多，但市场需求是这类书票价格的决定因素。市场需求的指标，当然对应收藏品的稀缺珍贵程度，或者是否有特殊的意义。如果作者或票主是大名家，或这张书票的技法是开创性的，是代表作品等，那么它的价格就高。另外，藏书票的品相也很重要。至于藏书票上是否有作者的亲笔签名，倒并不是十分重要，因为到20世纪50年代，甚至到60年代初，真正有作者签名的藏书票依旧很少，此前的西方藏书票花押重于签名。当然，一旦有这一时期的作者签名票，其价格自然要高出好多。

3. 评判一枚书票有没有收藏的价值，一是不要仅以有无作者的亲笔签名作为标准。要知道市场上拍出的万元甚至几万元的藏书票，都是那些没有作者亲笔签名的历史老书票。二是不要光以藏书票制作技法作为判断书票价值的标准。在拍卖市场上，有好些P票（复制版）的价格往往高过一些同时期同水平作者雕刻铜版的书票。这主要是因为那些看似平常的P票，有其他方面特殊的内涵，具有不一般的收藏价值。

4. 现当代藏书票的价格一般情况下还取决于作品的质量，而不完全取决于作者的知名度。同一位艺术家的藏书票作品，质量不一样，价格差距就很大。例如马克·塞维林的藏书票，价格高的在 5000 元人民币以上，价格低的才 200 元左右。国内藏书票艺术家的作品，也会有类似的情况。

藏书票制作要点

依据国际惯例，制作藏书票应遵循下列原则：

1. 藏书票的版式制作，须符合国际藏书票联合会公布的版式技法要求。

2. 藏书票因为是贴在书上作近距离欣赏的袖珍艺术品，故幅面（画心）不宜过大，一般不超过 10 厘米。藏书票在设计、制作上要力求精到，否则很难让人喜爱并收藏使用。

3. 票面上应有 "EX LIBRIS" 的拉丁字符，"EX" 和 "LIBRIS" 之间要空一格，因为它们是拉丁语中的两个单词。这两个单词加上票主姓名、别称、斋名或机构名等一起构成 "某某之书" 的意思。或直接用 "××× 藏书" "××× 爱书" "×× 珍藏" 等字样。其他读书、藏书等相关的勉励语句，也可以根据设计需要加上去。

4. 藏书票的设计既要符合规范，又要尊重票主的意愿和喜好。从作者的角度看，要在充分表达自己艺术追求的基础上，用藏书票这个媒介呈现票主的思想和情感。从票主的角度看，藏书票好比一把打开情感世界的钥匙，它承载了票主隐秘的情感，反映了票主的情趣秉性。这些情感和情趣需要依托艺术家作品风格和技艺来表达和凝聚，因此作者和票主之间需要充分沟通和相互理解。

5. 印制完成的藏书票，票面四周须留有 2 厘米左右的空白纸边。在票面下方空白纸边位置，须用铅笔从左至右注明限印数量及张次、技法标记、作者签名和制作年份，如：36/100 X1 ××× 2016（注："36 ／ 100" 表示限印 100 张，张次为第 36 张，"X1"表示技法为木面木刻，×××为作者签名，2016 为创作年份）。

6. 藏书票上的亲笔签名、标注要大小适当，干净利落，签名不要太夸张。因为幅面小，所以除了注明上述必要的信息，一般不需要再加写类似标题这样的文字。

现在国外有的藏书票艺术家，刻有专门的小印章，上面有作者姓名、E-mail、计数、技法标记和制作年份等信息，用较浅的印色盖在书票背面，票面下方再标注计数、技法和作者签名等信息。这种办法作为推销作品的办法，也可仿效，但有一点要注意，如果是用中国宣纸印制的书票，则不能直接在书票背面盖这样的印章，不然印色容易透过纸背，藏书票就糟蹋了。

7. 多色套版标注，是在版式标记右边加斜线"/"，再写入套色次数。如四套色木刻为 X1/4，若是手上彩则为 X1/col。

8. 如多种版式合用，则必须标明所使用版式的单独标记，例如：雕刻铜版＋腐蚀法＋飞尘法，即为 C2+C3+C5；木版＋丝网版，即为 X1+S1；等等。

9. 画家保留试样作品的标注。效法版画，在作品正式计数前，画家如需要保留试样作品——称为"画家保留试样"（artist proof），就应该在标注计数的位置用缩写"A.P."或者"A/P"标记。A.P. 作品一般是限印数量的 10%。理论上 A.P. 作品都是原版最初的印张，质量一般要优于后面的计数作品。

藏书票的使用

藏书票使用就是将自用藏书票粘贴在自己的藏书上。

1. 藏书票使用比较简单，票主将自己的藏书票粘贴在书的封里或扉页正中或偏上一点的位置，也有贴在左上角的。粘贴材料最好用自制的面粉浆糊，少用化学胶水，忌用双面胶。粘贴方法可以用浮贴法，也可以用实贴法。

2. 注意与书的协调，藏书票使用和藏书票收藏是两回事。使用时将藏书票粘贴固定在书上，一定要考虑票和书的协调。藏书票的大小、主题和色彩都有讲究，要贴得正，还要照顾到大小和位置，否则还是不贴为好。

3. 真正贴在书上的藏书票，可以不要作者的签名等标注，哪怕是自作藏书票。而且藏书票的留边也不要太宽，否则肯定不雅，一不小心你的藏书就变成了藏书票收藏册了。你也用不着担心因为缺少作者的签名，后人就不知道是谁做的书票，可以留一点悬念给后人作研究考证。

国际藏书票联合会认可的技法标记中英文对照表

版式	技法标记	英文名称	中文名称	备注
凹版	C	intaglio printing (blank)	凹版压印（空刷）	不上色／浮雕印
	C 1	steel engraving	雕刻钢版	
	C 2	copper engraving	雕刻铜版	含其他软金属
	C 3	etching	腐蚀版	酸刻版
	C 4	drypoint	干刻版	
	C 5	aquatint	飞尘版	
	C 6	soft-ground	软底防腐剂蚀刻版	
	C 7	mezzotint	美柔汀法	
	P 10	etching steel printing	腐蚀钢版	
	C 8	non-metallic intaglio	非金属凹版	塑料凹版等
	P 3	heliogravure	照相凹版	感光蚀凹版
	P 4	rotogravure	轮转照相凹版	感光蚀凹版
凸版	X	relief printing (blank)	凸版压印（空刷）	不上色／浮雕印
	X 1	woodcut	木刻版	木面木刻
	X 2	wood engraving	木口木刻版	
	X 3	linocut	麻胶版	
	X 4	relief-printing of engraved or etched metal plates	蚀或镌刻金属凸版	铜、锌、铅等金属
	X 5	relief-printing of engraved or etched metal intaglio	蚀或镌金属凹刻凸版	金属凹版凸印法
	X 6	relief-printed of other materials	其他材料的凸版	压克力版等
	X 7	(Chinese)stone stamp	石刻印章／中国篆刻	凸版捺印
	T	typographic	活字版	凸版
	T 1	linotype,indirect letterpress	行型活字版	
	T 2	photoxylography	照相复制木口木刻	
	T 3	rubber stamp	橡皮印章	

版式	技法标记	英文名称	中文名称	备注
平版	L 1	autolithography	直接石版	包括所有直接法
	L 2	autography	转写石版	包括所有转印法
	L 3	zincography	锌石版	锌版石印法
	L 4	algraphy	铝石版	铝版石印法
	P 1	line block	线画版	复制版
	P 2	half-tone	网纹版	感光复制版
	P 5	collotype	珂罗版	玻璃版
	P 6	photolithography	照相平版	转印平版
	P 7	offset	胶印平版	复制版
	P 8	original photograph	原作照相版	手工绘版感光
孔版	S	stencil	钢版蜡纸	手工刻印
	S 1	original serigraphy	原作丝网版	手工绘制网版
	S 2	mimeography	誊写丝网版	滚筒转印
	S 3	katazome	型染版（油纸模版）	日本孔版
	S 4	kappa	合羽版	切割胶膜制版
	P 9	photo silkscreen	照相丝网版	
其他	CGD	computer generated design	计算机原创设计	
	CRD	computer reproduced design	计算机加工设计	
	Y	photocopy	影印件	文献影印收藏

注：此表根据 FISAE 网站公布的资料整理，这是第 29 届国际藏书票联合会大会（丹麦，2002 年 8 月）修订的标准。这次的修订比较全面，定义和归类也比较准确。如将 X4、X5 重新定义，不再如原来那样仅以材质锌和铅定义，而是将金属凸版都定义为 X4，将金属版凹刻凸印定义为 X5，这样就解决了这个藏书票常见的版式很难归类的老问题。这次修订还增加了 X7 "石刻印章／中国篆刻" 和 C8 "非金属凹版" 等；并去掉原来定义含糊的标记，如 B、E、MT、CAD 等。

常见国家中英文简称和缩写对照表

　　在交流、交换、集藏、整理和欣赏外国藏书票时，经常会见到一些国名缩写。为方便查找和对照，现整理出藏书票收藏中常见的国家中英文简称和缩写对照表。资料中有的国家现在已经解体分立或合并统一，但这些国名缩写在以前的老书票中仍旧可以看到，所以还是照旧列入，并在备注中注明。

缩　写	中文简称	英文简称	备　注
AM	亚美尼亚	Armenia	
AT	奥地利	Austria	A
AU	澳大利亚	Australia	
BE	比利时	Belgium	B
BG	保加利亚	Bulgaria	
BO	玻利维亚	Bolivia	
BY	白俄罗斯	Belarus	
CA	加拿大	Canada	CAH
CH	瑞士	Switzerland	
CN	中国	China	PRC
CO	哥伦比亚	Colombia	CL

缩 写	中文简称	英文简称	备 注
CS	捷克斯洛伐克	Czechoslovakia	已解体分立
CZ	捷克	Czech	简称
DE	德国	Germany	
DK	丹麦	Denmark	
D	西德	West Germany	已合并统一
DDR	东德	East Germany	已合并统一
EE	爱沙尼亚	Estonia	
EG	埃及	Egypt	
ES	西班牙	Spain	E
FI	芬兰	Finland	SF
FR	法国	France	F
GB	英国	United Kingdom	UK
GE	格鲁吉亚	Georgia	
GR	希腊	Greece	
HU	匈牙利	Hungary	H
IE	爱尔兰	Ireland	
IT	意大利	Italy	I
JP	日本	Japan	J
KR	韩国	Korea	ROK
LT	立陶宛	Lithuania	
LU	卢森堡	Luxembourg	
LV	拉脱维亚	Latvia	
NL	荷兰	Netherlands	
NO	挪威	Norway	
NZ	新西兰	New Zealand	

续 表

缩 写	中文简称	英文简称	备 注
PL	波兰	Poland	
PT	葡萄牙	Portugal	P
RO	罗马尼亚	Romania	R
RU	俄罗斯	Russia	
SE	瑞典	Sweden	S
SK	斯洛伐克	Slovakia	
SU	苏联	Soviet Union	已解体
US	美国	United States	USA
VE	委内瑞拉	Venezuela	

注：备注中的缩写也是习惯用法，在藏书票收藏中常见。

主要参考文献

1. 梁栋、鹏程：《藏书票艺术》，上海：上海人民美术出版社，1990 年。

2. 上海图书馆：《上海图书馆藏藏书票作品选集》，上海：上海人民美术出版社，1996 年。

3. 吴兴文：《藏书票世界》，沈阳：辽宁教育出版社，1997 年。

4. 李允经：《中国藏书票史话》，长沙：湖南美术出版社，2000 年。

5. 张奠宇：《西方版画史》，杭州：中国美术学院出版社，2000 年。

6. 吴望如：《寻访台湾老藏书票》，新北：稻田出版有限公司，2000 年。

7. 吴兴文：《我的藏书票之旅》，北京：生活·读书·新知三联书店，2001 年。

8. 项翔：《近代西欧印刷媒介研究——从古腾堡到启蒙运动》，上海：华东师范大学出版社，2001 年。

9. 中国嘉德四季拍卖会：《书间精灵　Ex Libris》，嘉德四季第 13 期拍卖会（藏书票专场）图录，2008 年 3 月 23 日。

10. 黄显功：《中国早期藏书票的一种新形式》，《藏书家（第 14 辑）》，济南：齐鲁书社，2008 年。

11. 龚宴邦：《方寸书香——早期中国题材藏书票》，北京：新华出版社，2011 年。

12. ［法］费夫贺、马尔坦：《印刷书的诞生》，李鸿志译，桂林：广西师范大学出版社，2006 年。

13. ［法］巴斯图鲁：《纹章学：一种象征标志的文化》，谢军瑞译，上海：上海书店出版社，2002 年。

14. 日本书票协会：《日本の书票》，东京：文化出版局，1982 年。

15. 内田市五郎：《西洋の藏书票》，东京：岩崎美术社，1982 年。

16. 中井升：《图说藏书票世界》，东京：小学馆，1985 年。

17. 日本书票协会：《现代日本の书票》，东京：文化出版局，1978 年。

18. 樋田直人：《藏书票の艺术》，京都：淡交社，1997 年。

19. James P. Keenan, George Plimpton, *The Art of the Bookplate*, New York: Barnes & Noble，2003.

20. Sylvia Wolf, *Exlibris: 1000 Examples From Five Centuries*, München, Bruckmann: 1993.

21. Fridolf Johnson, *A Treasury of Bookplates from the Renaissance to the Present*, New York: Dover Publications, INC., 1977.

22. Phyllis and Eberhard Kronhausen，*Erotic Bookplate*，New York: Bell Publishing Co., 1970.

23. Mark F. Severin, *Making a Bookplate*, London and New York: The Studio Publications，1949.

24. Norna Labouchere, *Ladies' Book-Plates*, London: George Bell and Sons, 1895.

25. Egerton Castle，*English Book-Plates*, London: George Bell and Sons, 1894.

26. Walter Hamilton, *French Book-Plates*, London: George Bell and Sons, 1892.

后 记

　　校对完拙著《蝶恋书香》的样稿，才意识到应该写个后记，可谓有头有尾。交出书稿都有半年多了，再来校读自己耗时两年所写的书稿，感觉无论是文字、结构、图片还是选择的藏品，都有欠缺。碍于出版社制图、排版已费时费力又费成本，除却文字上的补正，不敢再作大的调整。因为原来的写作目的，也只是想在略为系统地阐述藏书票知识的基础上，以历史为主线代表性地介绍自己的收藏，而不是做全方位或最佳角度的展示。何况自己对于此道，虽然不是初涉门径，但仅凭我现时的学识尚难窥全豹，因而我还在不断地补充，所以只能作此阶段性的小结。

　　收藏藏书票是因为爱好，由于喜欢书，爱屋及乌地喜欢上了藏书票。初识藏书票，是20世纪80年代初买到一本唐弢所著的60年代初出版的《晦庵书话》，从中读到有关藏书票的文章和几张黑白的小图片。进一步激发收藏欲望的，是80年代中期在《版画艺术》杂志上看到上海的杨可扬先生的一些藏书票作品和配发的文章。于是先从国内再到国外，就有了自己中外藏书票的收藏。收藏藏书票又拓宽了我读书的视野，因为收藏离不开鉴赏、考证和研究。我的阅读范围除却国内有限的藏书票读本外，还涉及中外文化艺术史、东西方宗教和人文、版画技法和历史、国外的藏书票专著等等。读书和收藏有点积累了，就有了"独乐乐不如众乐乐"的激情与冲动。于是,我又是写作并发表文章赞誉藏书票之美,又是搞展览炫耀自己的藏品,虽然知道自己只是半桶水地晃悠,但也不亦乐乎!最终在浙江大学出版社的邀请下,有了这部书稿的写作。开始时,我对自己是否能有质量地完成此稿底气不足。值得庆幸的是,一年前我解脱了弱官在位的烦恼,这使我有更多一些时间沉浸于自己的爱好中。我一边整理收藏笔记、挑选收藏的书票,一边读书、考虑写作的思路,开始这"累并快乐着"的选择。说到底,不为什么,只是因为喜欢罢了。这心境和多年前自己刻的一方"有好累此生"的闲章吻合,自得其乐呵!

在此书即将成形之际,自然难忘给予我许多帮助的老师和亲友。感谢可敬的老艺术家杨可扬先生为本书写序,感谢中国美术学院教授、版画家赵延年老师为本书题写书名。感谢我大学的同班同学、中国美术学院高法根副院长,在百忙之中阅读我的书稿,并以他的视角撰写热情洋溢的序文。感谢中国美术学院教授、版画家陆放老师,对我出版此书始终给予关心、支持和帮助。还要感谢浙江工业大学侯晓蓉老师,在日本留学的吴昊先生,在法国读书的女儿黄哲。更要感谢浙江大学出版社使这本书成为现实,且以唯美的思想与眼界,完成本书整体样式的完美呈现。

不知道读者和同好是否会接受这一个读本?从爱书到自己写书,自然诚惶诚恐,心有千千结,坦诚求真解,希望多听到批评之声。因为爱书越痴,读好书的孽缘就越重,不管是谁,注定的,避都避不掉!

黄务昌

2008 年 6 月 20 日

于杭州古运河畔迟斋

再 记

《蝶恋书香》的编辑、出版，从 2008 年开始，一搁再搁，缘由甭提它了。去年底出版社换了责编再续编辑，计划今年出版。但我心里依然有阴影，师友们关注，我也不敢报喜或报忧，担心如果这书最终还是出版不了，其他虽可坦然，但愧对为本书写序的杨可扬老师和题写书名的赵延年老师。面对这两位已先后作古的中国版画界前辈，我只感到怅然若失。这次续编感谢责编的考虑，原稿尽量不作调整和补充，只作文字和技术修改，保持初心不改。在本书即将付梓之际，感谢所有关心和帮助过我的朋友，没有你们的努力和十余年的期待，这本书很难与大家见面。

黄务昌

2022 年 5 月 21 日

于德清武康塔山隐龙坞见山楼